高职学生心理健康60问

主　编　梁艳珍　王玉洁

副主编　刘彩琴　费小平

丁笑生　王进博

中国教育出版传媒集团

高等教育出版社·北京

内容提要

本书是高职心理健康教育入学读物。

本书以培育学生自尊自信、理性平和、积极向上的健康心态为目标，以高职学生心理发展特点和身心发展规律为基础，基于“助人自助，知行合一”的理念，采用“一问一答”的形式，将复杂的心理知识简化，深入浅出地解答了高职学生在心理健康、学习心理、爱与家庭、同伴关系、情绪管理及职业发展这六个方面普遍感兴趣的问题。基于前期广泛的调研，每个主题设置一个篇章，精心挑选了10个高职学生最感兴趣的问题，整合成60组具有指导意义的问答，旨在助力高职学生实现全面健康成长。

每篇从学生的实际心理困惑出发，以对话引入、案例分享、方法指导、交流讨论为基本架构，同时书中穿插了微课视频、小贴士，力求贴近学生心理成长的核心需求，为其提供有效支持与指导。

本书既可作为高职学生心理健康教育课程配套读物，又可供高职学生自主学习，也可供高校从事学生心理咨询、学生管理及相关工作的人士参考。

图书在版编目（CIP）数据

高职学生心理健康60问 / 梁艳珍，王玉洁主编 . 北京：高等教育出版社，2024.9. --ISBN 978-7-04-063126-5

Ⅰ. G444

中国国家版本馆CIP数据核字第202414Q7A5号

Gaozhi Xuesheng Xinli Jiankang 60 Wen

策划编辑 洪国芬　责任编辑 李岳璟　封面设计 赵 阳　版式设计 徐艳妮
责任绘图 李沛蓉　责任校对 刁丽丽　责任印制 刘思涵

出版发行	高等教育出版社	网　址	http://www.hep.edu.cn
社　址	北京市西城区德外大街4号		http://www.hep.com.cn
邮政编码	100120	网上订购	http://www.hepmall.com.cn
印　刷	三河市华骏印务包装有限公司		http://www.hepmall.com
开　本	787mm×960mm 1/16		http://www.hepmall.cn
印　张	6.75		
字　数	120千字	版　次	2024年9月第1版
购书热线	010-58581118	印　次	2024年9月第1次印刷
咨询电话	400-810-0598	定　价	15.90元

本书如有缺页、倒页、脱页等质量问题，请到所购图书销售部门联系调换

物 料 号 63126-00

致同学们的一封信

亲爱的同学们：

大家好！作为心理健康教育工作者，我们常收到你们提出的许多问题："老师，我遇到心理困惑了，怎么办？""老师，我喜欢心理学，您有好的书籍推荐吗？"每当这时，我们都倍感欣慰，也深感责任重大。因为好的心理学知识广博且繁杂，一本书难以全面覆盖；因为心理成长之路太长了，要用一生去探索。当我们决定编写这本书时，就在思考该如何在有限的篇幅内最大限度地解答大家的困惑，满足大家的需求。最终我们决定先以问卷调查的形式展开调研，了解同学们的期望与需求。根据调研结果，我们从心理健康、学习心理、爱与家庭、同伴关系、情绪管理和职业发展六个方面，和大家一起聊心理困惑，以期通过交流、研讨、实例等方式，帮助同学们破解心中的痛点和堵点，实现自我成长。

同学们在阅读本书时可能会有一种感觉，好似在倾听长者的娓娓道来，又似聆听同辈在轻轻诉说，更像自己在自问自答、自我解析，心会渐渐沉静下来，有种穿越迷雾、找到方向的释然感。

我们真诚地希望本书能帮助同学们掌握更多的心理学知识，学会解决各种心理问题的技能和方法，获得全面成长，在面对心理困惑时能更加从容镇定，面向未来时能更加坚定自信。

希望同学们能心随书动、心随书行，让那些黯然的惆怅、难耐的孤寂、压抑的委屈、落空的期盼、迷茫的焦虑随着一个个问题的展开逐渐散去，最终形成自尊自信、理性平和、积极向上的良好心态。

希望你们读完这本书后，能做到以下几方面：

关注"心"健康，打开"心"之门；

增进"心"支持，织密"心"之网；

迎接"心"挑战，增进"心"成长；

激发"心"潜能，丰富"心"之意；

创造"心"幸福，贡献"心"力量。

亲爱的同学们，大学生活丰富多彩，你们的心理也会在这个时期实现快速发展，产生并解决各种心理困惑正是自我成长的路径，老师们将与你们并肩前行，共同迈向充满无限可能的未来。

本书编写组

2024年5月

前　言

全面加强和改进新时代学生心理健康工作，提升学生心理健康素养，是高校人才培养体系的重要组成部分，是思想政治工作的重要内容，是立德树人的重要环节。教育部等十七部门印发的《全面加强和改进新时代学生心理健康工作专项行动计划（2023—2025年）》（教体艺〔2023〕1号）中，要求“组织编写大中小学生心理健康读本，扎实推进心理健康教育普及”。

为此，本书编写组对全国数十所高职学校约1.5万名学生进行了调研，了解到高职学生最关心、最普遍的心理困惑，进而确定了全书的架构与主要内容。本书具有如下特点。

一、编写体例独特

本书基于详尽的前期调研结果，紧密贴合高职学生普遍关注的热点，精选了6个领域的60个关键问题，采用“一问一答”的形式组织内容，旨在增强本书的针对性、适用性和指导性，带给学生不一样的学习体验，又能帮助其更好地理解和吸收心理学知识，提高阅读兴趣，更有效地满足学生的阅读需求和期待。

二、内容形式多元

本书以分点式描述、对话式情境、案例式分析等多元化形式，更加直观地呈现心理学知识和方法指导，确保学生在阅读过程中能迅速捕捉核心要点，深刻理解知识内容。此外，本书还配以丰富的插图，帮助学生理解复杂的心理学知识，增强学习的趣味性和互动性。同时，书中还穿插了一些实用的微课视频和小贴士，为学生提供了更多的学习资源和实践指导。

三、语言风格明快

本书以学生视角进行叙述，用清新明快的语言描绘了学习与生活中可能发生的情境，反映了学生在日常生活中的心理特征和内在世界，极具真实感和代入感。

本书编写组成员均为在高校心理健康教育一线工作且经验丰富的专职教师。全书由广东轻工职业技术大学梁艳珍构思框架、设计提纲，指导课程思政的融入并组织编写。广东轻工职业技术大学梁艳珍和王玉洁担任主编，河北科技工程职业技术大学刘彩琴、常州信息职业技术学院费小平、南阳农业职业学院丁笑生、滨州职业学院王进博担任副主编，常州信息职业技术学院“徐畅工作室成员”徐畅、闫琳、崔薛琦，滨州职业学院孟丽娟，河北科技工程职业技术大学柳佳慧，南阳农业职业学院惠凤先，广东轻工职业技术大学袁卉芬参与编写。

由于编写时间紧、编者的编写能力有限，书中难免存在不足之处，恳请广大读者在使用过程中提出宝贵意见，使之更加完善。此外，本书在编写过程中，参考和借鉴了许多相关书籍，谨向原作者表示衷心感谢！

编　者

2024年5月

目 录

第一篇 身健心康乐畅悠——心理健康

第二篇 生也有涯知无涯——学习心理

第三篇 携手共度心相依——爱与家庭

第四篇 真诚以待得知己——同伴关系

第五篇 接纳转化情舒展 —— 情绪管理

第六篇 奋楫逐浪向未来 —— 职业发展

第一篇
身健心康乐畅悠
——心理健康

健康不仅指生理健康，还包括心理健康、社会适应良好和道德健康等，这些共同构成了完整的健康概念。随着社会的进步，我们开始对自己的内心世界充满好奇，越来越注重自己的心理健康，渴望了解与心理健康相关的知识。

通过对本篇的学习，我们将了解自己的身心健康水平，科学认识心理咨询，学会合理利用心理咨询资源去解决心理困惑，掌握心理健康的自我保健法，提升心理素质。

第一问

如何了解自己的身心健康水平？

想知道自己的身心健康水平吗？世界卫生组织提出了人的健康新标准，它包括身体和心理的健康。身体的健康可用“五快”来衡量，心理的健康可用“三良”来衡量。我们可以使用“五快三良”的标准测试自己的身心健康水平（图 1–1）。

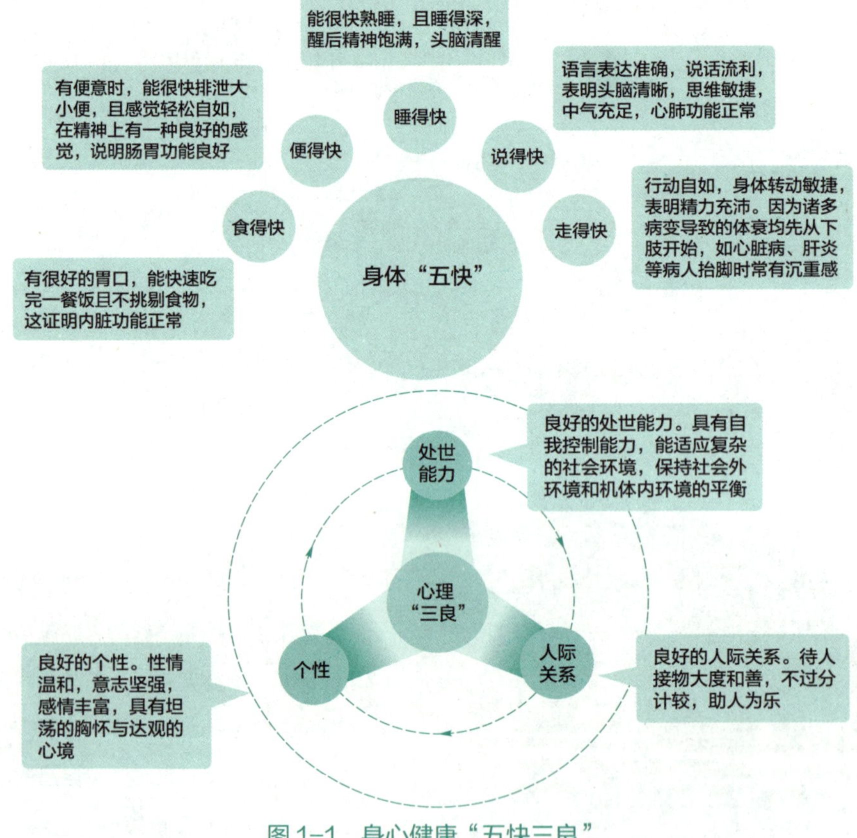

图 1–1　身心健康“五快三良”

小贴士

一般而言，我们可以参考上述标准检视自己的身心健康状况，但是严格意义上的身心健康水平还是要由专业人员进行检查和诊断，不要随意给自己或者别人下结论。

第二问

什么情况下我们需要心理咨询?

如果我们遇到以下情况，可以考虑进行心理咨询：

（1）遭遇生活挫折及创伤性事件，个体无法自行调适的时候。比如学业困难、亲友离世等负性事件，视其轻重程度往往会引发一系列不同的应激反应，使得个体感到痛苦、紧张或身体不适。

（2）学习、生活、情感压力过大，有胸闷难受、焦虑不安、容易发火、失眠等情况。

（3）情绪持续低落或不稳定时。生活中有不开心的情绪是很正常的，但如果持续一周及以上，且大部分时间都心情低落、沮丧，做什么事都提不起兴趣，或者早晚情绪反差很大，时常大悲大喜，情绪就像坐过山车一般，那就要引起重视了。

（4）存在睡眠、饮食问题时。睡眠问题包括失眠、睡眠浅、多噩梦、早醒等，饮食问题包括无食欲、暴食后呕吐、进食不规律等。

（5）觉得孤独、空虚、生活无意义时。当我们觉得自己很孤独，找不到可以倾诉的对象，或认为身边的人都无法理解自己时，也许就需要进行心理咨询了。

（6）害怕某些特定的物体和行为时。例如，与人交往困难，害怕面对一些场景，如会在黑暗的环境下产生恐惧，甚至在没有特定对象或场景的情况下，都觉得焦虑不安、呼吸困难、心跳加速。

（7）出现反复行为时。当我们的某些行为，如洗手、关煤气，在短时间内出现十次以上的反复，或者脑中顽固地出现某种事物而无法摆脱，并已经持续了一段时间，可以考虑寻求心理援助。

（8）在人际关系中一直遭遇莫名的挫折，觉得迷惑或痛苦时。例如，我们经常猜忌别人是否在背后说自己的坏话，或担心遭受批评而不敢与别人交往，或经常和很要好的朋友反目成仇，或经常用自伤等极端行为要挟关系亲密的人。

（9）因为以上原因，正在医院接受药物治疗，但很少获得谈话式的心理疏导，建议在进行药物治疗的同时接受心理咨询。

第三问

学校的心理求助资源免费吗？

我国各大高校均设有心理咨询中心，为大学生提供专业的心理健康辅导，且对在校大学生免费开放。学校的心理咨询中心作为便捷、经济且高效的心理咨询资源，应成为大学生心理求助时的首选。

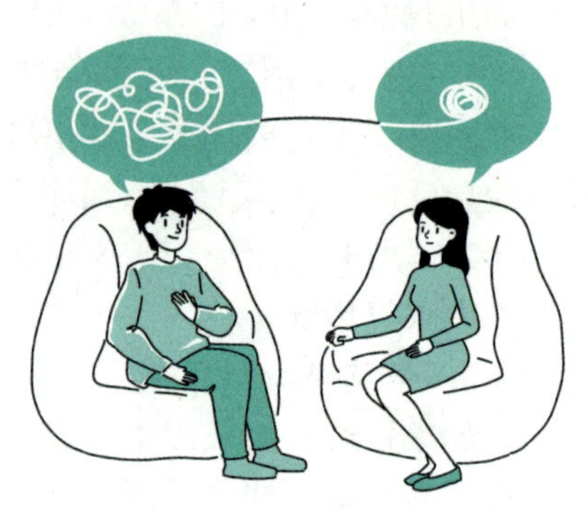

随着心理咨询行业专业人员数量的增多、专业素质的提高以及行业的规范化，大学心理咨询中心的专业水平也越来越高。

目前，我国大学心理咨询师普遍是心理学专业硕士或博士毕业，受过专业的训练。一方面，心理咨询中心会采取各种措施帮助和督促心理咨询师不断提高专业水平，如要求心理咨询师定期参加理论学习、案例讨论、心理督导以及继续深造等。

另一方面，心理咨询中心对心理咨询过程的管理越来越规范细致，建立了严格的心理咨询管理制度，对预约、保密等都有严格的要求，为来访者提供了安全的咨询环境。

不同于社会上的心理咨询机构，在大学进行心理咨询是免费的，这是学校提供给在校学生的一种福利。而且，高校的心理咨询师对大学生典型的心理困惑更为了解，在处理大学生的心理问题时，更具专业性。

除了个体心理咨询，大学心理咨询中心还提供了各种团体活动和心理健康方面的讲座，旨在帮助我们更好地了解自己和他人，提升我们的心理素质和应对能力。这些活动不仅丰富了我们的课余生活，还让我们在轻松愉快的氛围中，收获了更多的知识和成长。

因此，当我们遇到心理困惑时，不要犹豫，勇敢地走进学校的心理咨询中心吧！我们可以在这里找到心灵的慰藉和力量。

第四问

我们如何挑选可靠的心理咨询师或者机构?

心理咨询师是不是适合自己，是不是可靠，或者其所在的咨询机构是不是可靠，是选择心理咨询师或机构时要着重考虑的问题。

在心理咨询师的选择上，可以对其从以下几个方面进行考量：（1）教育经历与职业资格；（2）工作经验与受训背景；（3）设置是否稳定[①]；（4）工作边界是否清晰。

在咨询机构的选择上，可以依据专业人士的推荐，或者通过机构中心理咨询师的能力来判断其可靠性。下面是社会上常见的心理服务资源，免费的服务机构一般是隶属于高校的研究中心，或者是公益热线类的服务机构（图 1–2）。

一、免费的心理服务热线

“12355”青少年服务台

热线电话：12355 (危机干预、电话咨询免费)
服务时间：24小时
面向人群：青少年

教育部华中师范大学心理援助热线平台

热线电话：4009678920; 010–67440033; 027–59427263
其他途径：关注“青少年网络心理与行为教育部重点实验室”微信公众号,点击菜单栏中的“心理热线”即可接入
服务时间：24小时

图 1–2　免费的心理服务热线

二、医疗类资源

部分心理问题的产生可能是因为某种精神障碍，我们可以前往精神专科医院就诊，遵医嘱进行治疗。一般来说，每个地区都有专门治疗精神疾病的医院，如果没有，可以到综合性医院的精神科就诊。

---

① 设置稳定即心理咨询师与来访者固定咨询时间、地点等，确保咨询的连续性和专业性，为来访者提供稳定的咨询环境。

第五问

去进行心理咨询，其他同学会用异样的眼光看我吗？

下面这则故事或许可以给我们一些启发。在某职业学校的心理学通识课堂上，一名老师问在座的学生：“自大学毕业后，你因工作繁忙，尚未谈恋爱，父母深感忧虑。某日，父母托一个朋友给你介绍了一位对象，并约定当晚九点在某咖啡厅会面。见面当天，你异常兴奋，早早就到咖啡厅约好的位置等候着，但对方小跑过来，气喘吁吁地对你说，‘真不好意思，我刚去做心理咨询了，所以耽误了。’请问，这样一个人，你是否还愿意和他（她）交往呢？”结果，一百多人的课堂上，大部分学生都举起了手，表示愿意甚至是非常愿意和他（她）交往。他们的理由有两个：一是这个人选择寻求心理咨询，这表示他（她）的经济条件可能不错，且很可能接受过良好的教育；二是他（她）在意识到自身存在心理困惑时，能及时、主动地寻求专业人员的帮助，这表明他（她）在遇到问题后懂得及时求助和积极面对。由此可见，他（她）是个非常懂得生活的人，在未来的相处过程中，即便双方出现矛盾，他（她）大概率也能够合理地化解一些冲突与争端，由此推断，选择与他（她）共度一生将是一个明智的选择。

这是不是和部分同学的看法有些不一样？我们应该科学地认识心理咨询。心理咨询就是试图帮助来访者得到充分的发展，扫除其成长过程中的障碍的一种行为。进行心理咨询，是解决心理矛盾，提高心理健康水平的重要途径。

作为一个成年人，我们要做自己心理健康的第一责任人，当自我无法调节心理困惑时，就应该主动、及时地求助心理咨询。

第六问

网上的心理测试真的可信吗？

随着互联网的快速发展，各种心理健康测试如雨后春笋般涌现。如：“你是哪种性格类型？”“你是否抑郁或焦虑？”等。这些测试吸引了大量群体的关注和参与。但是，网上的心理健康测试真的可信吗？它们能准确反映我们的心理状态吗？

事实上，我们通过网络等途径见到的心理测试，很多都带有娱乐性质，不够规范，图个开心无妨，但切忌用于指导实践行为。即使是科学的心理自测表也需要专业的解读。做心理自测题，最怕根据答案给自己乱贴标签，这样很容易造成负面的心理影响。心理咨询师经常遇到的情况是，前来咨询的人说自己做完自测，发现患上了强迫症或抑郁症，但真正诊断后，却并非如此。

那我们应如何选择可信的心理测试？

一是选择那些由知名医疗机构、学术团体或专业人士设计和认证的测试。良好的在线心理测试应该有经过科学验证的背景、测评系统和专业的心理评估报告。不要被“免费”“在线快速出结果”等误导判断。要注意免费陷阱，许多免费的测试可能是为了搜集用户数据或推销产品而设计的。

二是前往专科医院或线下心理机构进行心理测试。专科医院与心理机构会有专业的心理测试系统，并且配备专业的心理咨询师与报告分析师，测试结束后会有专业人员给出报告并进行答疑。

网上的心理健康测试为我们提供了一个便捷的窗口来了解自己，但它们的可信度和准确性仍然是个未知数。在使用这些测试时，我们应该保持批判性思维，结合专业的建议和指导，确保我们获得的信息真实、准确和有益。

第七问

假如我有抑郁症，该不该跟别人说？

当身体不适时，我们会选择就医，并按医嘱接受治疗，当我们的心理“生病”了，却往往羞于启齿，不愿去寻求专业人员的帮助，而周围的人也往往将这些“病症”视为我们“想太多”“无病呻吟”或者“性格怪异”，未将这些异常的心理状态或行为和心理健康联系起来。

什么是“精神障碍”

假如我们确诊了某种精神障碍，如抑郁症，要不要跟别人说？怎么说？这个问题没有固定的答案，但以下建议可以参考：

第一，如果我们正处在治疗的过程中，能够正常地学习和生活，可以选择不告诉别人，也可以选择只告诉自己信任的人。

第二，如果疾病已经影响到我们的学习和生活，社会功能受损比较严重，应及时告诉自己的班主任或辅导员，因为如果需要帮助，老师就在我们身边；也可以告诉自己的室友，他（她）们与我们朝夕相处，会最先发现我们可能需要帮助。这时，我们不仅仅要告诉对方我们所患疾病的名称，还需要对其症状进行必要的解释，因为大部分人对抑郁症等精神障碍的了解并不多。当抑郁症等精神障碍复发的时候，直接告诉对方我们的需求及身边的人可以怎么帮助我们，这也会让我们得到更好的理解和支持。毕竟，当我们处于低谷时，一句简单的“我理解你”或者“你需要我帮你做些什么”可能比任何药物都来得更加有效。

小贴士

药物治疗是针对许多心理疾病常用且有效的治疗方式之一。精神类药物必须在精神科医生的指导下使用，不得任意使用。在病情得到有效控制后，应继续听从医生的用药指导，不可自行减量或急于停药，否则可能会导致病情复发或恶化。

第八问

身边同学出现异常举动，我们该怎么帮助他（她）？

我发现我们宿舍有个同学，以前跟班上同学在一起时有说有笑的，最近不知道为何，喜欢独来独往，常常因为一些小事就和身边的人闹矛盾，还独自哭泣，无法正常学习和生活，大多数时间一个人待在宿舍，情绪十分低落。

身边的同学性格大变，这说明对方可能出现了心理问题。例如，原来性格外向，突然变得内向孤僻，对所有事情都无动于衷，情绪低落，觉得自己前途渺茫，悲观厌世，甚至自残，有轻生念头等，这说明对方可能患有抑郁症。

那我该怎么帮助她呢？

当发现身边同学出现心理异常状况时，可以建议其进行心理疏导。在此过程中，我们应给予他（她）一些可行的支持。例如，邀请他（她）一同参与集体活动，如模拟职场活动或大学生志愿服务活动等，同时在日常生活中给予他（她）更多的关怀，如通过细致入微地询问与倾听，展现我们的关心与支持，从而帮助其逐步敞开心扉，说出自己内心的困扰。

若经过上述努力，该同学仍存在异常行为，则必须及时向辅导员报告，以便获得专业的援助和有效的治疗措施。

谢谢老师，我明白了。如果我发现身边有人疑似有精神障碍，一方面我可以给予对方更多的关心和支持，帮助他（她）调整状态、更好地学习和生活，让他（她）感受到温暖与力量；同时，我也会积极引导他（她）正视心理健康问题，鼓励他（她）寻求专业的帮助，以便尽早摆脱精神困境的束缚，重拾生活的色彩与希望。

第九问

保持心理健康的方法有哪些?

一、注重身体保健，给身体增加能量

我们常说“身体是革命的本钱”，每个人都是自己健康的第一责任人。获得健康最简单、最有效的方法就是养成健康的生活习惯，把健康理念融入生活的方方面面，而健康的生活习惯包括良好的饮食习惯、睡眠习惯、运动习惯等。

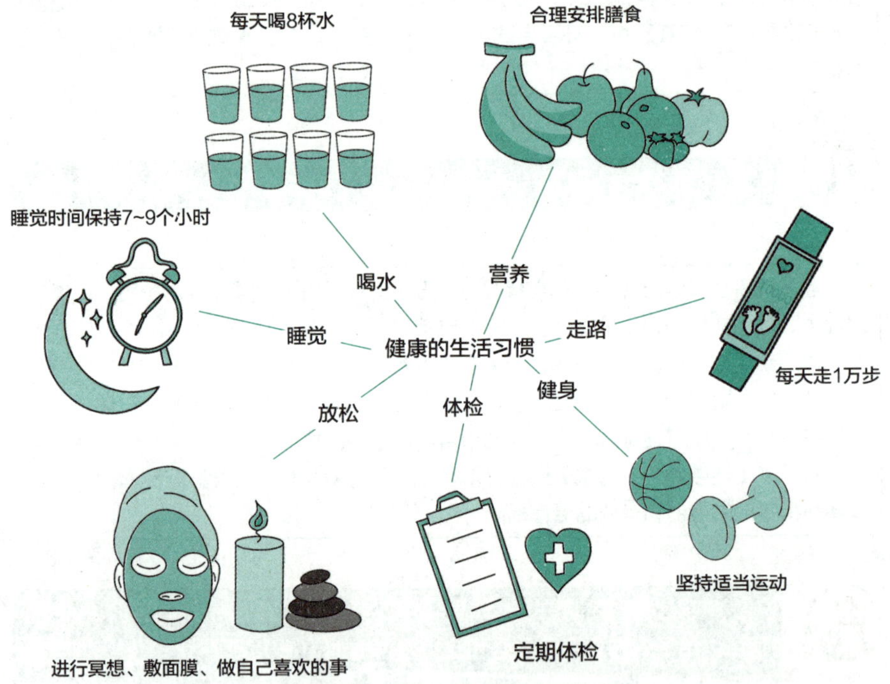

二、加强心理健康保健，维护身心健康

出现心理问题时，我们应积极求助医院的相关科室、专业的心理咨询机构和社会机构等。心理相对比较健康的人往往更能够积极求助，他们勇于面对问题，主动做出改变，对未来有更乐观的态度。积极求助本身就是一种能力，也是负责任、关爱自己、有智慧的表现。

学会科学有效的减压方式可以帮助我们更好地应对压力，维护身心

健康。第一，调整自己的想法。找出导致不良情绪的消极想法，减少偏激或歪曲的认知。第二，积极寻求人际支持。选择合适的倾诉对象，获得情感支持和实际支持。第三，保持健康的生活方式。通过适量运动和健康的兴趣爱好等调节情绪。判断减压方式是否科学，主要是看这种方式是否能帮助我们更好地应对现实问题，是否有利于长远的身心健康。

第十问

我对心理学很感兴趣，有没有优质合适的书籍推荐？

心理学方面的书籍非常多，下面推荐几本通俗易懂的书。

第一本书是《幻想即现实》（作者：曾奇峰）。该书作者是国内精神分析派著名的心理医生，他把自己多年从事心理咨询和治疗的感悟浓缩在这一本书中，在家庭关系、夫妻关系、亲子关系、情感困惑、自我认识等方面，都有独到的见解，文字既充满智慧，又不乏幽默。

第二本书是《遇见未知的自己》（作者：张德芬）。这本书以小说为体裁，通过一位名叫若菱的都市女性和一位睿智老人的奇遇及对话，表达作者对人生的理解。书中最脍炙人口的一句话是："亲爱的，外面没有别人，只有你自己。"如果你因为情感困惑或者巨大的工作压力而迷茫无助，透不过气来，不妨在周末翻翻这本书，相信你能从中找到破局的妙招。

第三本书是《自卑与超越》（作者：阿尔弗雷德·阿德勒）。此书的作者童年患有佝偻病和肺炎，这让他一度非常自卑，但他并没有被病痛打败，反而不断地超越自己，最终成为世界杰出的精神分析大师。在书中，作者从生活经验和心理学背景出发，与我们探讨生活的意义、自卑感与优越感、早期记忆、家庭和学校对孩子的影响等话题。如果你正处于人生的低谷，不妨读读它。

第四本书是《心理学与生活》（作者：理查德·格里格、菲利普·津巴多）。这是一部心理学经典书籍，正如理查德·格里格所言，"心理学是一门与人类幸福密切相关的科学"，这本书贴近生活，深入实践，把心理学理论与知识同人们的日常生活和工作联系起来，通俗易懂，是一本大众了解心理学、更好地理解人性和提高自身全面素质的读物。

第二篇 生也有涯知无涯——学习心理

进入大学阶段，我们的学习模式将发生深刻变革。传统的“耳提面命”式的学习模式将逐渐淡化，单纯追求分数的学习动机也将被摒弃。在这一阶段，我们将完成从“被动学习”到“主动学习”的转变，以及从“接受知识”到“创新知识”的跨越。大学提供的学习途径更为多元，学习方式更为灵活，学习时间更为自主，学习环境更为优越，这将成为我们“终身学习”的新起点。

通过对本篇内容的学习，我们将学会如何有效管理个人学习目标，形成良好的作息习惯，合理规划学习时间，制订科学的学习计划，进而激发学习兴趣，有效缓解考试焦虑，调整学习压力。学习是一个持续探索的过程，它不仅关乎知识的积累，更关乎能力的培养和品格的塑造。通过学习，我们能够不断拓宽视野，增长见识，提升自我修养，最终实现个人价值，并为社会的进步贡献自己的一份力量。

第一问

大学生还需要学习吗？

对于人类而言，从牙牙学语到挑灯夜读，再到皓首穷经，学习贯穿我们的一生。

进入大学之前，我们可能听过这样的话："到了大学你就自由了""上大学就不用那么刻苦学习了"……来到了大学校园，摆脱了应试的压力，学习的意义好像变得模糊了。那么，进入大学后，我们还需要继续"学海泛舟"吗？

有的同学会说学习是为了找到更好的工作，更好地谋生，然而学习真的只为了谋生吗？

学习的意义或许有很多，但学习本身其实是我们认识世界、认识生活的一种方法。通过学习，我们能习得各种谋生的技能；通过学习，我们还能在各个领域去探索，开阔我们的视野。

有些同学还会问："高职学生毕业不就是去一线吗？还需要学习吗？"答案是肯定的。

首先，学习是高职学生成长的基石。无论是专业技能的掌握还是个人素养的提升，都离不开持续地学习。高职学生通过系统的课程学习，可以建立起扎实的专业理论基础，为未来的职业发展做好准备。同时，学习也是高职学生开阔自身眼界、培养创新思维、提升综合素质的重要途径，只有不断学习，个人才能跟上时代的步伐，适应未来职业发展的需求。

其次，技能学习能提高高职学生的核心竞争力。职业教育强调实践性和应用性，高职学生通过大量的实验、实训和项目教学，可以掌握扎实的专业技能和实际操作能力。这些技能是高职学生在就业市场上脱颖而出的关键。然而，技能水平的提高不是一蹴而就的，而是需要长期地积累和不断地实践，才能逐步提升。

此外，素养学习提升是高职学生全面发展的重要保障。除了专业技能，高职学生需要注重个人素养的培养，包括职业道德、团队协作能力、沟通能力、创新思维等多个方面。这些素养的提升不仅有助于学生更好地学习和生活，更对未来的职业生涯存在深远的影响。通过参与各种校园文化活动、社会实践和志愿服务等，高职学生可以不断提升自己的综合素养，成为具备良好职业道德和较高社会责任感的高素质技能人才。

最后，随着科技进步和产业升级，市场对人才的需求也在不断变化。只有不断学习新知识、新技能，才能适应市场需求的变化，保持就业竞争力。与此同时，学习还可以激发个人的潜能和创造力，为个人职业发展开辟更广阔的空间。

总而言之，学习不仅是获取知识的途径，更是塑造自我、适应未来职业挑战的关键所在。高职学生应珍惜在校时光，积极参与各类学习与实践活动，努力提升自己的专业技能和综合素养，成为高素质技能人才，在激烈的就业竞争中脱颖而出。

经过多年的学习，我们也认识到学习并非康庄坦途，在学习的路上总会经历种种困难。能够乘风破浪，披荆斩棘当然是好，但是倘若我们在学习上遇到了当前尚不能解决的障碍，不如暂且换个方向行动。或许当我们积累到足够多的知识和经验时，也就攒够了跨越之前障碍的能力了。

再假如，学习一段时间后，我们发觉目前所学习的专业并非自己真正喜欢的。在这种情况下，能够转入自己心仪的专业当然是最好的，但如果事与愿违，也不要自暴自弃，还可以通过自学等方式，钻研自己钟爱的领域与事物，这样也不失为一种明智的选择。

读万卷书，行万里路。学习从来不会耽误我们去欣赏人生路上的风景，唯有学习，才能使沿途风光更加美好多彩。

第二问

如何找到学习兴趣，激发学习动机？

“只要不挂科就好”“三分钟学习热度”“努力不如躺平”等，这些可能是部分大学生当前的学习状态。

进入大学后，我们有了更多可自由支配的时间，学习的自主性、探索性、实践性更强，从“要我学”转变为“我要学”，这是一个激发自身学习动机，找到学习兴趣的过程。

正如孔子所说：“知之者不如好之者，好之者不如乐之者。”兴趣是从事学习的原动力，我们要找到自己的学习兴趣。在知识的海洋中，我们如同航行的船只，需要一盏指引方向的明灯，而兴趣便是这盏明灯。它不仅能照亮我们前行的道路，更能激发我们内心深处的热情，让我们在学习的道路上勇往直前。

我们可能都会有这样的体验，只要是自己感兴趣的事情，根本不需要别人督促，我们也能自觉地去做。学习也是一样。

学习兴趣是可以培养和激发的，兴趣的发展是从“有趣”到“乐趣”再到“志趣”的逐步深化的过程。我们在学习过程中，应注意从每堂课老师所授内容中，从所学专业的发展前景中，从相关行业的最新研究成果中，寻找和发现“有趣”的点，引发自己的好奇心，逐步将注意力引向所学内容，再通过一段时间的学习、研究，从而进入“乐趣”阶段。“乐趣”是兴趣发展的中级水平，表现为基本定向[①]，持续时间较长。但只有当兴趣上升到“志趣”阶段，个体才能全身心地投入到学习中。“志趣”是兴趣发展的高级水平，它是与崇高的理想和远大的奋斗目标紧密结合在一起的。从一定意义上讲，学习只有与个人理想、目标相一致，才能促进学习兴趣的不断深入发展，才能使我们长期保持旺盛的学习精力。

在学习的过程中，我们有时候会发现自己一开始信心满满，但只坚持几天就放弃了。这可能是受学习动机的影响。研究发现，人类的动机强度与活动效率呈倒“U”形曲线关系，动机过高或过低都会使活动效

---

① “基本定向”指的是个体在兴趣发展过程中，对于某一特定活动、领域或知识等，已经形成了一个相对稳定且明确的偏好或方向。这种偏好或方向使得个体在选择参与的活动、投入的时间和精力，以及学习的内容上，都表现出一种持续性和专注性。

率下降，中等强度的动机才最有利于问题的解决，而动机的最佳水平也会随着任务难易程度的变化而变化，简单的任务需要较高的动机水平，而复杂的任务只需要较低的动机水平，这就是耶克斯－多德森定律（图2–1）。

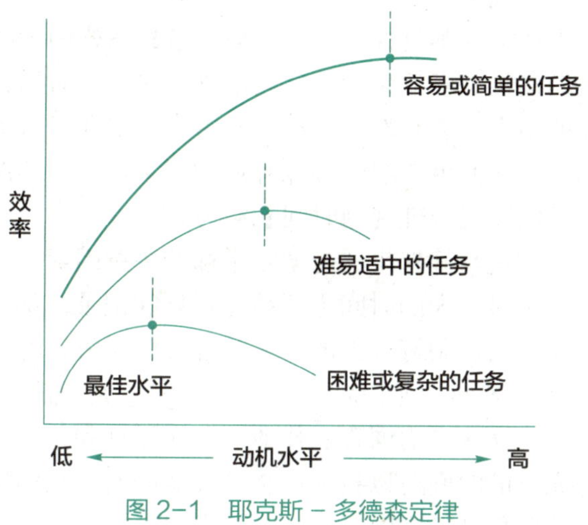

图 2–1　耶克斯－多德森定律

这提示我们，在学习的过程中，要根据学习难度设置合理的学习目标。打个比方，英语的学习过程或许略显单调乏味，然而，若我们所学的是会计专业并对此充满热情，便能巧妙地将二者融合，通过阅读会计学方面的英文文献，便能既提高英文水平和专业技能，又能拓宽自身的国际视野。沿着这个思路，我们可以继续探索如何在学习中找到更多的交叉点和乐趣，以对技术类的学习为例，如编程或设计，可以尝试将其与我们的创意相结合：我们可以学习如何编写一个游戏或设计一个网站，这样不仅能够将所学技术应用于实践，还能够结合个人的兴趣与创造力，从而赋予学习过程更深的趣味性和价值。

总的来说，设置合理的学习目标并找到学习的乐趣是提升学习效果的关键。我们应该根据自己的兴趣和需求，选择适合自己的学习方法和策略，让学习成为一种享受而非负担。同时，我们也应该保持开放的心态，勇于尝试新的学习方式和领域，从而不断拓宽自己的知识视野。

第三问

大学生活丰富多彩，如何平衡学习与其他事情呢？

进入大学后，我们会逐渐认识到大学与高中的显著区别，这种区别主要体现在学生活动的丰富性上。大学设有各式各样的社团、协会和学生组织，为我们提供了多元化的选择。此外，在课余时间，我们还有机会参加职业技能培训、创客教育活动、实习等，以此丰富个人经历。然而，在此过程中，我们可能会面临课外活动与学习之间的冲突。为了解决这一冲突，我们需要合理规划时间和精力。

首先，时间管理是确保生活与学习平衡的关键因素。为了实现高效的运作，我们需要对个人的时间进行精心规划和记录，从而有意识地、有效地利用时间。通过制订详细的个人日程表，对每日时间进行精确规划，可以确保有足够的时间来完成学习、社团活动、兼职等各项任务。在规划过程中，应充分考虑课程、作业、社团活动和兼职的时间需求，确保学业上有充分的时间可以投入。在分配时间时，我们还应区分任务的紧急程度和重要程度。这可以通过时间管理坐标轴（图 2–2）来实现。简而言之，我们应优先处理那些既重要又紧急的事项，重要但不紧急的事项要抓紧处理，紧急但不重要的事项可以适当延缓，而那些既不紧急又不重要的事项，则可以在空闲时间进行处理。

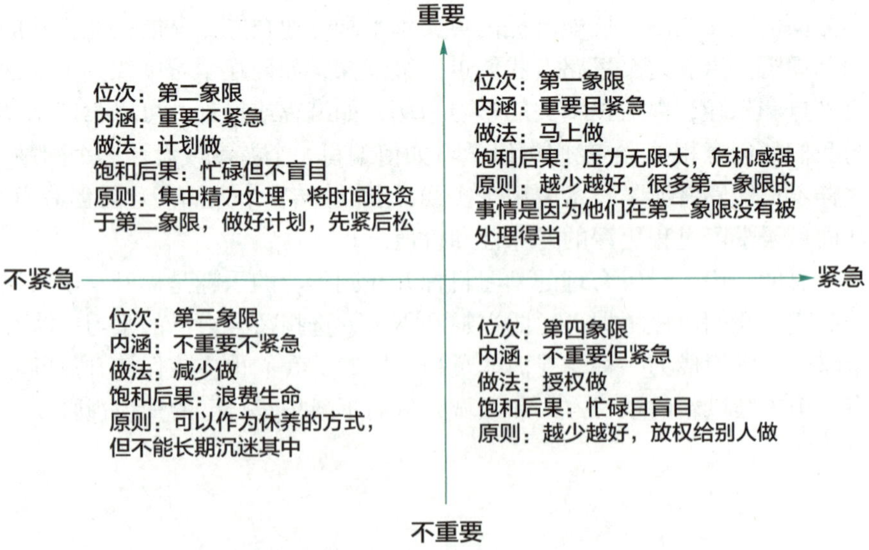

图 2–2　时间管理坐标轴

其次，要了解自己的优势和不足，有限度地选择各类活动。每个人的时间和精力都是有限的。因此，我们竞选学生干部或参加社团或进行社会兼职时，要结合个人所长及兴趣，秉持对自己的学习成长有帮助的原则，有针对性地参与，这样不仅不会影响学习，还能让我们更好地成长。

再次，高效利用碎片化时间。宋代文学家欧阳修曾言："余平生所作文章，多在三上，乃马上、枕上、厕上也。"由此可见，尽管被分割成碎片的时间看似价值有限，但若能将这些时间串联利用，亦能收获意想不到的效果。我们可以积极尝试在碎片化的时间内提升学习效率，例如，坐车时使用手机学习英语单词或复习课程内容；在课间阅读书籍或浏览新闻，拓宽知识视野。此外，制订周计划并列出任务清单，定期检查是否完成，也是一种有效利用时间、充实自身的方式。

最后，至关重要的是，我们必须将学习任务置于优先级，始终保证学业的核心地位。尤其是考试临近之际，学业更是要优先考虑。换言之，我们应优先确保学业的顺利完成，再酌情考虑兼职工作或社团活动。在社团的选择上，我们应秉持精益求精的原则，选择少量但质量上乘的社团，并仔细评估该社团是否对个人发展有正面影响。对于兼职的选择，我们应当考量该工作与所学专业的相关性，以便为未来的职业发展奠定坚实的基础。同时，我们要合理且充分地分配工作与其他任务的时间，确保各项事务顺利进行。

第四问

我该如何管理学习目标？

心心

进入大学之前，我想着要好好学习，有所收获。但入学后，我却不知道自己要做什么了，每天除了按时上课，其他时间都待在宿舍打游戏或者玩手机。我想这个学期学点儿什么或者考个职业技能证书，但每次都只是想一想，并没有付出行动。感觉人生好空虚，我该怎么管理我的学习目标呢？

心理咨询师

大学阶段不再有月考、期中考、期末考这样阶段鲜明的学习任务，有了更多可以自由支配的时间。大学阶段是逐梦未来的关键时期，只有把握时机，确立目标，人生的路途才能明晰。那么，我们该如何制订合理的学习目标呢？

首先，我们要以严谨和理性的态度来调整心态。制订学习目标的首要目的是激发个人的学习动力，其次是为学习提供明确的方向，最后是通过目标的设定来帮助我们集中精力。在制订目标的过程中，我们应当深入了解自身的学习兴趣与长远的发展愿景。在选择学习目标时，应避免盲目从众，注重深入学习和精通特定领域。目标的设定只是学习的起点，要取得良好的学业成就，仍需要我们持续不断地努力。

其次，我们要学会合理设定学习目标。第一点，从长期来看，我们要明确自己学习的目标。不妨问问自己："我想要在毕业后成为一个什么样的人？为此，我需要具备怎样的知识和技能？"第二点，从中期来看，我们要针对这个目标，设置一个期望水平。例如，你的目标是在未来就业市场上占据同类岗位的高端位置，那你目前的期望就可以设置为：强化就业核心竞争力。具体做法就是牢固掌握本专业基础知识，提高技能水平，力求实现全方位的发展提升。第三点，从短期来看，我们要围绕上面的期望，设置一项项具体的分解目标，来指导每一天的学习行动，如了解本专业的行业前沿信息，拆解核心人才所必需的条件（如随着交通业数字化变革，智慧交通职位需求增加，从业者除了要精通智能交通系统操作，还需要具备开展智能交通工程项目的实施运作能力等）；获得相关通用技能证书（如普通话水平测试等级证书）和专业技能证书（如职业技能证书）等。设立目标之后，我们可以根据 SMART 原则（图 2–3）

来检测目标是否可行。

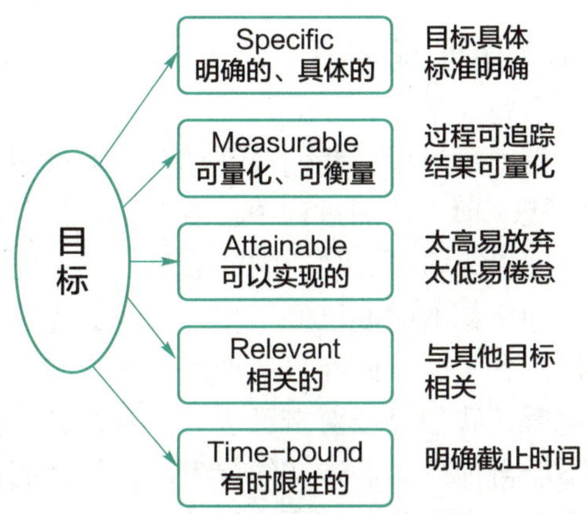

图 2-3 SMART 原则

最后，我们要学会有效达成自己的学习目标。第一，我们可以根据制订好的目标，列一个实施计划表，规划好行动时间，如按照自身需要选择适合自己的课程，考取必要的证书，让学习生活井井有条。第二，创造一个能够激励自己的学习环境，保持学习环境的干净整洁，还可以听些适合自己的背景音乐。第三，要定期评估自己的学习进度，按照事先制订的目标值评价成果，并且及时改进。我们可以用 PDCA 循环法（图 2–4），不断推进自己的学习进展。PDCA 循环法是指总结执行计划的结果，对成功的经验加以肯定，并予以标准化；对于失败的教训也要总结，引起重视。对于没有解决的问题，交给下一个 PDCA 循环去解决。我们要定期回顾和更新目标，确保它们仍然与自己的长期学习规划相符。

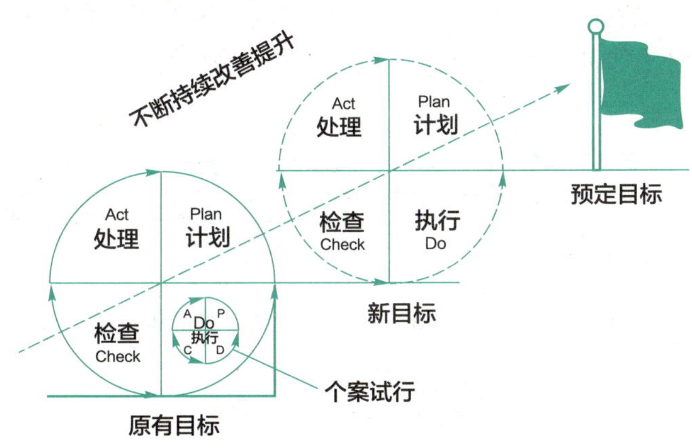

图 2-4 PDCA 循环法

第五问

如何战胜拖延症？

在日常生活与学习过程中，我们或许都有过类似图 2–5 所展示的那样一段经历：在完成一项工作的过程中，或者某项任务降临到我们头上时，我们并没有立即投入行动去执行它，而是选择了先去做许多与之无关的事情。当意识到所剩的时间已经不多时，我们才开始感到焦虑和恐慌，手忙脚乱地拼命赶工，试图在最后期限到来之前完成任务。而在事情终于告一段落之后，我们又会对自己进行一番责备，捶胸顿足地提醒自己，下次绝对不能再拖延了。这样的行为，就是我们常说的拖延症。

从心理学的专业视角来看，拖延症反映了个体在自我调控能力上的不足，即使个体能够预见到拖延所带来的严重后果，却依然倾向于将待办事项推迟至未来的某个时间点。拖延症，这个在现代社会普遍存在的现象，不仅影响着我们的工作效率，更在无形中侵蚀着我们的生活质量。我们时常在自我安慰中陷入拖延的旋涡，却又在自责中试图挣扎出来。但问题在于，很多人并不真正了解拖延症背后的原因，也未能找到有效的应对方法。

事实上，拖延症的形成并非一蹴而就，而是多种因素交织在一起的结果。缺乏明确的目标和计划是导致拖延的重要原因之一。当我们对任务缺乏清晰的认识和规划时，很容易陷入迷茫和不知所措的状态，从而选择逃避和拖延。同时，恐惧和不安也是拖延症的常见诱因。我们害怕失败，害怕面对困难，因此选择将任务推迟，以期望有更多的时间来准备和应对。然而，这种做法往往只会让我们陷入更加焦虑的境地。那么，我们该如何战胜拖延症，提高自控力呢？让我们来试试以下方法吧！

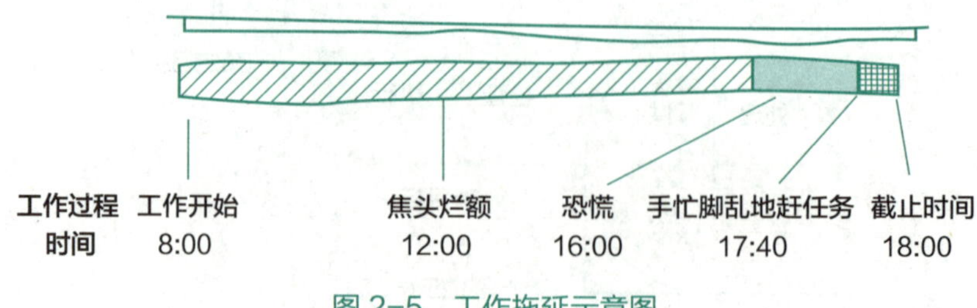

图 2–5　工作拖延示意图

学会运用“十分钟法则”

- 学会延迟满足即时诱惑
- 在所有诱惑面前安排十分钟的等待时间
- 要时刻想着长远的奖励
- 面对那些不想做的事情,告诉自己“只做十分钟”就好了

反向操作，利用结构化拖延法

- 拖延的人并不是一无是处。如果不相信，可以想想自己在拖延的时候是不是完成了很多其他事情
- 把我们必须完成的任务按照重要程度和紧急程度排序，列一个清单，将最紧急、最重要的事情排在最前面，把一些很重要的事情排在后面
- 先完成清单最前面的任务，再完成后面的任务

现在就行动，要不然永远找不到好状态

- 做了一点儿，总比一点儿不做要强
- 选择更为合适的休息方式，如去户外散散步，趴在桌子上小憩二十分钟等
- 通过设置自我奖励来激励自己，学习之前给自己定一个奖励，完成之后再兑现

第六问

如何打破学习中的习得性无助，培养成长型思维？

在遭遇失败的时候，我们最常听到的话就是“失败是成功之母”，虽然不能否认我们可以从失败中吸取教训帮助我们成功，但有时候，长期缺乏成功体验会导致习得性无助。当我们一次次参加考试，却一次次不及格，久而久之我们就会对学习失去信心，甚至产生厌学情绪，还会因此对自身产生怀疑，觉得自己“干这也不行，干那也不行”，无可救药。事实上，我们并不是“真的不行”，而是陷入了习得性无助的心理状态。这种心理让人们自设藩篱，把失败的原因归结为自身不可改变的因素，失去了继续尝试的勇气和信心。

小象小的时候渴望自由，无法挣脱树桩

长大后的小象已经安于现状，不会再挣扎

这就是习得性无助

在学习中，我们可以通过培养成长型思维来打破习得性无助。成长型思维与固定型思维相对应，是两种截然不同的思维模式（图 2–6）。

教育心理学家卡罗尔·德韦克在对一些初中生进行一项长达两年的追踪研究后发现：在起始数学成绩相同的情况下，拥有成长型思维的学生只需要一个学期的时间，其数学成绩就显著领先于固定型思维模式的学生，他们在面对困难时，更多地表现出韧性，且两者之间的差距呈持续扩大的趋势。尽管两种思维模式差异显著，但我们仍可以通过努力培养成长型思维。

第一，我们要不断学习新知识，充分挖掘大脑的潜力。科学研究表明，大脑的可塑性可以持续终生，也就是说，我们的思维模式、才智等，可以通过训练来塑造和培养。认知心理学研究发现，大脑神经遵循“用进废退”的原则，即我们学习的新知识越多，难度越大，信息在大脑内神经元细胞之间的传递速度越快，我们的思维就越灵活。我们可以通过不断尝试有一定难度的学习任务来提升自身的思维能力。

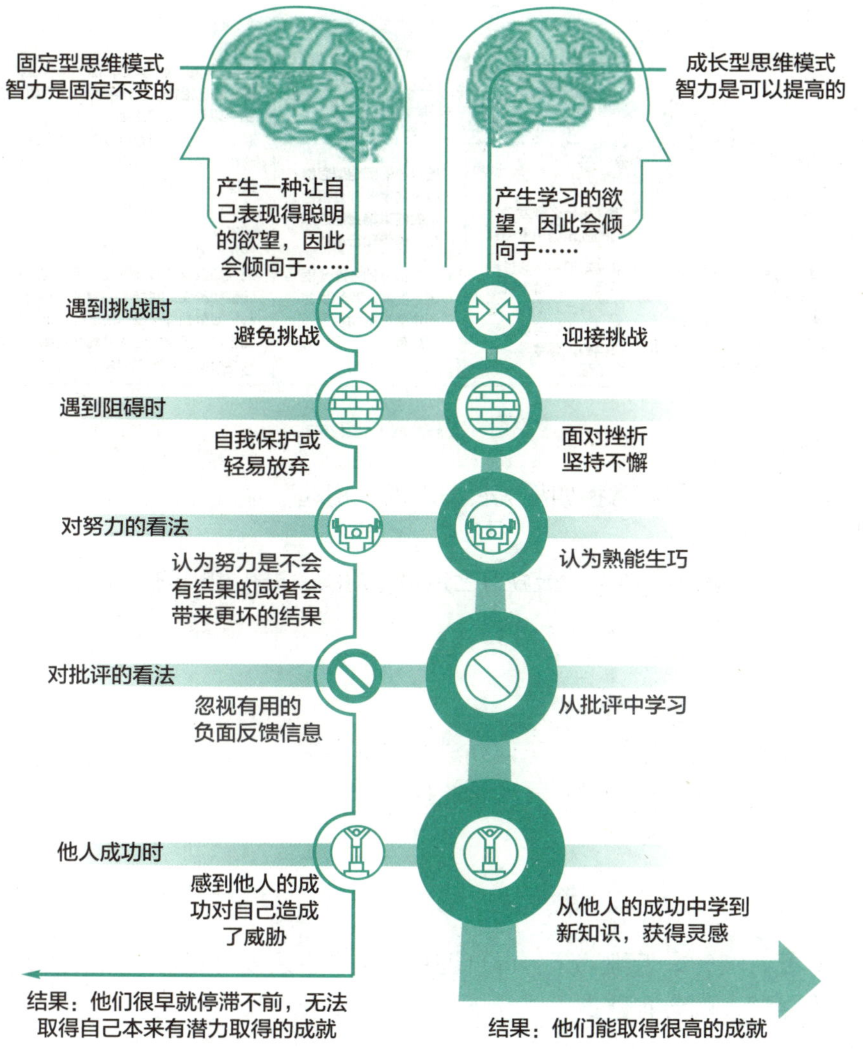

图 2-6　固定型思维模式与成长型思维模式对比

第二，我们要学会转变不合理信念。我们要接受一个事实：每个人都是成长型思维模式和固定型思维模式的混合体。思维模式的转变，不是靠一两次实践就能完成的，而是要采用全新的方式看待问题。培养成长型思维，不会让我们远离自我，反而能让我们更接近真实的自我，能让我们看到每个人都是充满个性和潜能的。突破固定型思维可以采取以下四个步骤，具体如图 2-7 所示。

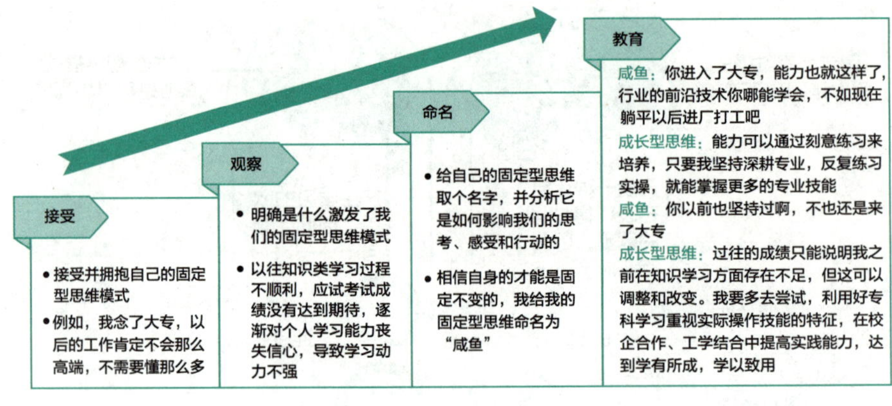

图 2-7　思维成长四步走

第三，我们要掌握四把成长型思维“钥匙”。

要有“勇士思维”，鼓励自己走出舒适圈，进行积极的自我对话。

要有“宝箱思维”，坚信办法总比困难多，一定有办法和途径能够解决问题，只要努力寻找，就总能找到。

要有“暂未思维”，告诉自己我只是现在还没有成功，只要我不断努力尝试，就会有进步。

要有“榜样思维”，相信自己一定能从他人的成功中学习到什么，他人的反馈对自己一定会有帮助和启发。

第七问

如何才能找到适合自己的学习风格?

健健和康康是舍友，他们经常相约一起学习，最近他们都在进行职业技能培训，学习相关知识。在学习过程中，健健倾向于和同学一起讨论难点，他还买了线上课程，通过老师线上讲解来理解知识点；康康则倾向于自己列好提纲，边学习、边记笔记，有时候还会找个无人的角落大声朗读或背诵，他习惯通过诵读来加深记忆，通过书写强化对知识的理解。

由此可见，我们在学习时，每个人也有自己偏爱的方式，这就是我们的个人学习风格。每个人擅长的学习内容和学习方法并不相同。例如，有的人上午的学习效率高，有的人晚上的学习效率高；有的人喜欢听觉刺激，有的人喜欢视觉刺激。

教育心理学家尼尔·弗莱明提出了学习风格调查量表（VARK 量表），他将学习风格分为四类：视觉型（Visual）、听觉型（Auditory）、读写型（Read/Write）、动觉型（Kinesthetic）。我们可以通过图 2–8 来测试自己的学习风格。

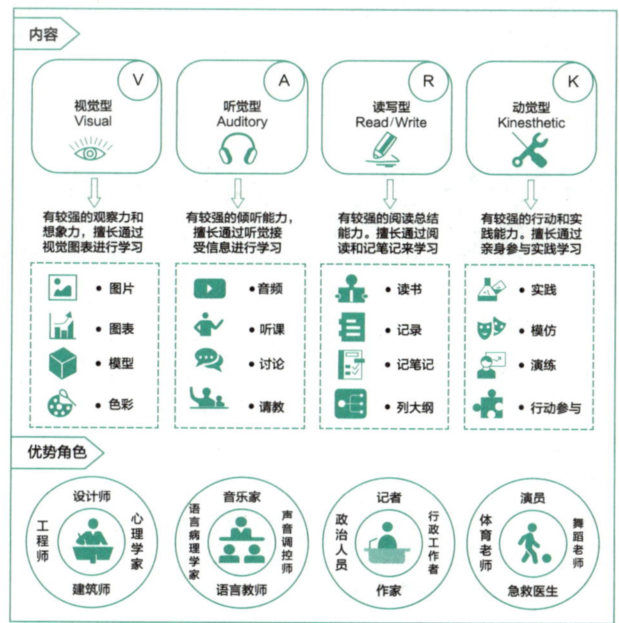

图 2–8　VARK 学习风格模型

现在，我们了解了自己的学习风格类型，又知道了不同学习风格类型的特点，那么我们该如何根据这些特点选择学习方式，使之满足大脑的喜好呢？

每种学习风格都有优缺点，并无绝对的优劣之分。我们分析自己的学习风格，目的不是要改变这种学习风格，而是在承认和尊重差异的前提下，找出更有利于自己的学习方法。

视觉型的学习者

- 利用不同色笔或标记划重点，强化符号的使用，比如重点加粗、高亮、多分区排版
- 学习前整理书桌，只留必要用具，以免分心
- 尽快将听到的重点转化成文字或图表
- 使用教学录影、PPT等视觉媒体或视觉笔记
- 在技能学习的过程中，我们不仅需要依赖视觉观察，在脑海中模拟操作场景，更应当通过多感官协同作用发挥个人优势

听觉型的学习者

- 保持学习环境安静，隔离噪声
- 背书时大声朗诵，事半功倍
- 通过讨论、聆听、讲解、与人分享的方式，强化记忆和加深理解
- 上课时专心听讲，课后及时将听到的内容整理成笔记，或者重复听录音
- 在技能学习的过程中，要发挥自身沟通特长来提高信息整合效率，还要培养自己的动手实践能力和空间感知能力，为从事高精度类型工作打下基础

动觉型的学习者

- 确保学习环境空气流通，光线充足，适当运动
- 用体验的方式去认识新事物，多主动尝试
- 经常手写或者整理笔记，进行案例分析，通过比画的方式协助记忆
- 刻意练习，历练与实践相结合
- 在技能学习的过程中，要多实验、实训，尽可能多调动不同的感官来丰富学习体验，用实践引领知识学习

读写型的学习者

- 通过朗读帮助记忆
- 勤写勤记，通过默读、反复书写来记忆，边阅读边记笔记
- 列提纲，定期复盘总结
- 重视书籍、杂志、笔记、资料等文字信息源
- 在技能学习的过程中，要学会反思，多总结知识学习成果和实践经验，提高自己的实践探索能力

第八问

面对考试，我该如何缓解自身焦虑？

考试焦虑是指人面临考试时产生的一种心理反应，主要表现为对考试的担心、紧张或忧虑，引发生理或心理上的不适与相关症状。生理上的不适通常表现为心跳加快、头晕头痛、失眠多梦、注意力分散等，心理上的不适常常表现为焦躁、恐慌、坐立不安、情绪低落等。

有的同学会问："从小学到现在，我经历了数不清的考试，为什么还是不能适应，每次考试前都会焦虑呢？"

其实，我们或多或少都会在考前产生焦虑，这可能是因为我们害怕失败，产生了"一定会挂科"的心理暗示；也有可能是因为自我期望过高，总觉得自己应该拿满分或者是班级第一；又或者是外部的压力，让我们过分看重考试结果；还有可能是过去考试失败的经历在我们心中留下了阴影，让我们担心再次遭遇失败。

考试焦虑普遍存在，只是每个人的焦虑水平不同而已。适度的焦虑有利于激发我们的学习动机，促进学业进步。那我们该如何缓解考试焦虑，激发自身潜能呢？我们可以从以下两个方面入手。

一是心理调适。我们可以尝试重构信念，多与父母、朋友交流关于考试的想法，也可以将让我们感到有压力或者困扰的事件写下来，将它们具体化，检查是否存在不合理的地方，比方说，"如果考砸了，我就失败了""我这次考试必须考到前三"，这样的想法或目标可能就并不合理，那就要重新调整观念或修改目标。

二是行为调整。我们可以尝试调整自己的生物钟，在一天中精力最旺盛的时间段准备考试，将起床与睡眠时间调整到适合正式考试的时间点，规律作息，使自己的生物钟与考试期间的作息保持一致。我们也可以尝试通过呼吸训练来帮助自己放松身体。

同时，要学会给自己积极的心理暗示。例如，我们需要保持情绪稳定可以这样对自己进行暗示，每天默念"我是一个情绪稳定的人，我不会因外界突然的压力导致心态失衡。"这将使我们保持良好的情绪和乐观的心态，最终形成较强的抗压能力。再如，我们可以在考试发挥方面进行积极的暗示："我在考试那天的发挥一定是最好的一次。"反复暗示自己考试时的状态一定是最棒的。

小贴士

让我们一起尝试腹式呼吸法（图 2-9）：吸气时，最大限度地向外扩张腹部，让腹部鼓起；呼气时，最大限度地向内收缩腹部，让腹部自然凹进。呼吸动作要缓慢而深长，尽量让氧气与血液有足够的接触时间；吸气时用鼻子，而呼气时用嘴巴。这种腹式呼吸法适用于在考场上放松我们的身体。

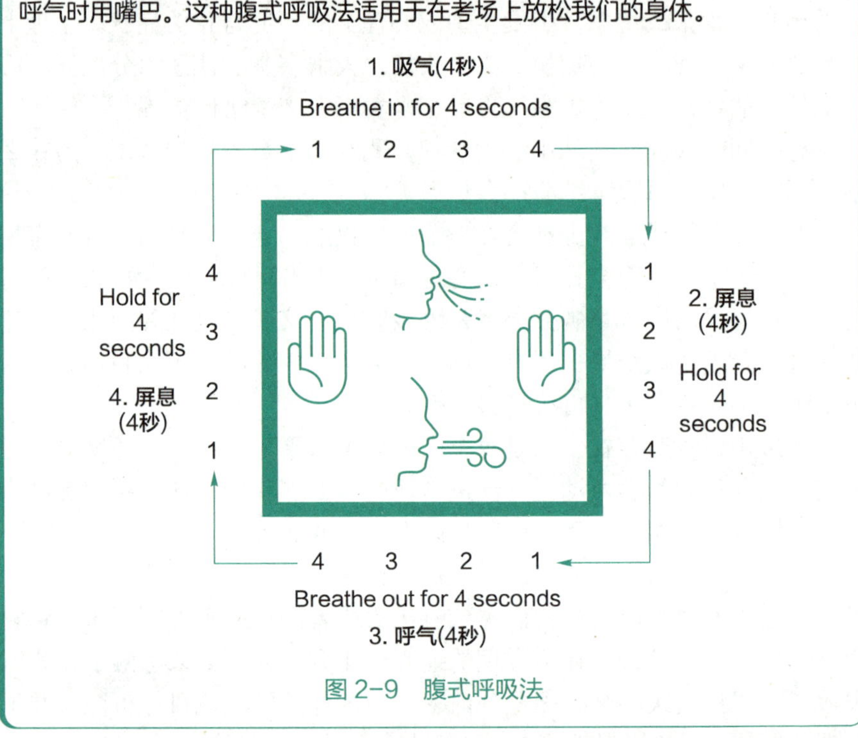

图 2-9　腹式呼吸法

此外，我们还要尝试接纳焦虑，专注当下。焦虑的情绪确实会影响到我们，不过，它对我们造成的影响是积极的还是消极的，取决于我们如何看待它。当我们越是想要摆脱焦虑的时候，越是容易陷在焦虑中。这时我们可以暂时不去理会它，转而把心思放在眼前的事情上，问问自己现在该做些什么，该把精力集中在什么事情上，从而把自己从焦虑状态中慢慢抽离出来。总之，不要过分抵触焦虑，不要想着完全摆脱它，要相信适度的焦虑能够带给我们积极的力量。

第九问

如何巧用学习策略？

第一次心理咨询：心心坐在学校心理咨询室的一隅，眉头紧锁，手中紧握着笔和单词本，显得有些沮丧。

心心

老师，我遵循了您之前给的建议：放下手机，清除一切干扰，专心投入教师资格证书的备考中。然而，我发现这个过程有时显得相当枯燥，往往还没完全掌握一个知识点，前面的几个知识点就已经开始模糊了。面对这样的情况，您有什么建议或者方法可以帮助我改善吗？

心理咨询师

当然有。在学习过程中，我们是可以巧用学习策略来提高学习效果的。学习策略指学习者为了提高学习效率，有目的、有意识地制定有关学习过程的复杂方案。我们的大脑是如何学会知识和技能的呢？这与大脑的重要功能——记忆相关。我们了解了记忆和学习的特点并采用适当的学习策略，就能事半功倍。

培养联系学习

- 在这一过程中，可以利用思维导图帮助自己
- 可以从一个中心出发，向外发散各种要点，充分利用思维导图的不同颜色、图像、记号等调动我们的左、右脑来加深记忆
- 在学习某项技能的时候，我们还可以通过想象法来练习，这是因为想象时激活的大脑神经通路与实际做的时候是一样的，多次想象练习可以达到学习的目的

利用间隔学习

- 每天一小时，连续三天学习同一内容，比集中花三小时学习这一内容效果好
- 长期记忆存储信息需要一个巩固的过程，快速频繁地练习只能产生短时记忆，但通过间隔学习重新复习的过程，能巩固知识，强化记忆
- 应用间隔学习策略给自己制订一份自测计划，在每个学习阶段之间留出一段时间间隔，进行自测，查找被自己遗忘的知识，再加强巩固

学会检索学习

- 从记忆中检索与新学内容相关的知识和技能，进行自我测验，而不只是机械地阅读记忆
- 考试是帮助我们了解自己学习情况的有效手段
- 学习过程中时不时停下来，合上书本问自己以下几个问题：这段的核心概念是什么？哪些术语或者概念是我没有接触过的？我可以如何定义它们？这些概念和我以前学习的知识有什么联系吗

掌握压缩学习

- 大脑天性爱“节能”，任何能帮助大脑提升处理信息速度的学习方式，大脑都会给予“正反馈”
- 我们可以学着不断总结更为核心的知识，留下更为重要的知识

第二次心理咨询：心心再次踏入学校心理咨询室，神情比上次略显轻松，但仍带有一丝未解的困惑。

心心

老师，我上次回去尝试了您教我的学习策略，确实感觉有了一定提升。但我发现，我似乎没有真正掌握和理解专业知识，我该怎么做呢?

心理咨询师

心心，你对学习的感觉还是很敏锐的。你说得没错，一个人如果没有深刻领悟某一知识，便无法真正掌握并运用其精髓。我们可以利用费曼学习法，它是一种以“输出”为目的的学习，其核心在于以教促学，通过向初学者解释新知，迫使自己深入理解，从而加深记忆、发现盲点，提升表达和学习能力。

总而言之，知识内化的过程就像剥洋葱一样，层层推进，在教授过程中不断发现问题，再逐一解决问题，才能化被动为主动。

第十问

面对挑战，我该如何开启终身学习之路？

当今社会，知识更新日新月异，科技迅猛发展，各行各业都在不断变化和演进。在这样的时代背景下，终身学习成了一个重要的话题。

在我国社会主义工业化建设初期，广大工人利用自己的双手和简易的设备，一刀一刀挫出了新中国工业由弱到强之路，而今天的工厂车间中，“主力军”是各种数字化生产设备，很多零件甚至可以通过 3D 打印一次成型，科技的发展对高素质技能人才提出了新的定义。

习近平总书记指出：“哪怕一天挤出半小时，即使读几页书，只要坚持下去，必定会积少成多，积沙成塔，积跬步以至千里。”习近平总书记在农村插队期间就表现出求知若渴的学习精神。上山放羊时揣着书，把羊赶到山坡上就开始看书。在田间锄地时，利用休息间隙，拿出《新华字典》记一个字的多种含义，一点一滴积累。成为中共中央总书记、国家主席后，他的时间大都被工作占去，但只要一有时间他就会读书，读书已成了他的一种生活方式，一种终身学习的途径。

那作为大学生的我们，该如何提升自己的学习品质，为自我的终身学习赋能呢？

一是要养成主动学习的习惯。把学习作为自己的迫切需要和愿望，坚持不懈地进行自主学习、自我评价、自我监督，必要的时候进行适当的调节，使学习效率更高、效果更好。

二是要养成不断探索的习惯。对新生或未知领域持开放的态度，乐于学习和探索，积极弥补自身在知识或技能方面的空缺，要学会利用互联网等资源，主动拓宽学习面。无论何时，都要保持“小学生”的心态，在浩瀚的知识海洋里，“广博”“渊博”都是相对的，只有不断学习和探索，才能始终保持向前。

三是要养成自我更新的习惯。不固守已经掌握的知识和已具备的能力，通过学习不断充实理论，优化知识，完善技能，调整思路，以适应不断发展变化的形势和目标。

四是要养成学以致用的习惯。“纸上得来终觉浅，绝知此事要躬行”，动手做一做，比空谈要更直观。学历与能力并不等同，有实践经历和经验的人才往往更容易脱颖而出。

第三篇
携手共度心相依
——爱与家庭

社会迅猛发展，我们的价值观念也在变迁。爱情观与家庭观作为重要的价值观念，为我们追求幸福生活指引着方向。健康、积极的爱情观和家庭观，是构筑幸福生活的基石。

通过对本篇内容的学习，我们将进一步明晰这些价值观念的重要性，并以此为指引，建构健康的恋爱关系和家庭关系，助力我们拥有幸福的人生。

第一问

我们应如何结识异性？

大学生活丰富多彩，正值青春年华的我们往往对恋爱抱有朦胧的憧憬与期待，这种心理需求是自然萌发的正常现象。恋爱，这一情感世界中最温柔的篇章，也悄然在我们心中绽放，那么，我们该如何结识异性呢？

一、选择合适的社交途径

参加校园活动

参加校园活动是融入校园生活、扩大社交圈子的绝佳途径。不同的校园活动适合不同的社交需求，因此选择合适的校园活动至关重要，它帮助我们更好地参与并享受校园活动，同时建立良好的社交关系。

参与志愿服务

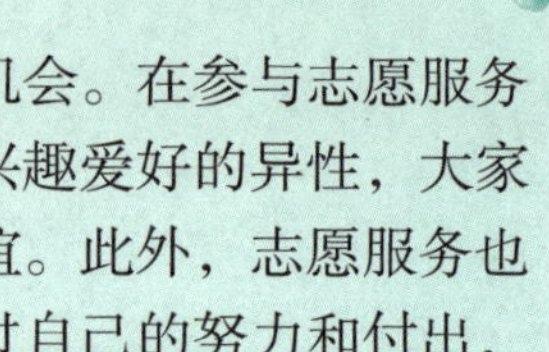

参与志愿服务是一个结识志同道合的人的好机会。在参与志愿服务的过程中，我们会遇到来自不同背景、有着相似兴趣爱好的异性，大家可以一起分享心得、交流经验，建立起深厚的友谊。此外，志愿服务也是一个展示个人才能和魅力的舞台，我们可以通过自己的努力和付出，赢得他人的认可和尊重。

利用学习的机会

在教室里，我们同样有机会与异性同学针对学习问题进行探讨；课堂之外，我们还可以组成学习小组，相互帮助，共同进步。这样的互动不仅可以加深我们对知识的理解，还能促进彼此之间的交往。

二、提升个人形象

首因效应告诉我们，第一印象并不一定总是正确的，却能够决定双方交往的进程。因此，干净整洁的外表就成为异性交往中重要的加分项。但俗话说得好，“人不可貌相”“日久见人心”，我们不能仅凭外表就妄加判断一个人，真正重要的是内在。

三、保持良好心态

在人际交往中表现得太“社恐”，见到异性就紧张得说不出话来，这种表现显然不利于个人魅力的展现，反之，表现得太“社牛”，又会让对方觉得不靠谱。因此，保持一种相对自然、轻松的态度，会让人如沐春风，增加进一步接触的可能性。

四、学会寻找话题

如果一上来就问对方“你叫什么名字”“你多大了”“你有哪些梦想”等诸如此类的问题，往往会让对方无所适从。要尽量避免谈论尴尬或敏感的话题，可以选择一些轻松有趣的话题作为开场，比如热门影视剧，或者旅游、美食，让双方都有话可聊，还能增进对彼此的了解。

已读😳
但不知道怎么接
要不你再说句别的

当然，结交异性最重要的是要保持真诚、友善的态度，尊重他人的意愿和感受。同时，也要了解自己的需求和动机，明确自己为什么想要结识异性，是为了寻找爱情、建立友谊，还是其他目的。清晰的自我认知能帮助我们在与异性的交往中掌握好分寸。

第二问

选择情绪稳定的伴侣重要吗？

情绪稳定是网络热词，微博上有这样一则评论：“长大后才明白，有一个情绪稳定的伴侣多重要。遇到麻烦，第一时间永远都是解决问题，而不是责备对方。赶不上飞机，忘记交水电费，这些都不足以让人绝望，让人绝望的是该解决问题时，最亲近的人却在刻薄地指责你。”

你也会把情绪稳定作为挑选伴侣的重要标准吗？

社会学家沈亦斐发起了一个有趣的小测试，我们一起来做做看：

测试1

如果你有一件很幸福的事，你兴奋地跟伴侣分享，你希望他(她)：

A. 和你一样兴奋

B. 平静地说“哦”

测试2

如果你的伴侣因为一件事很生气，你希望他(她)：

A. 愤怒地说

B. 心平气和地跟你沟通

如果两道题你都选了 A 或都选了 B，代表你喜欢同一种类型的人；如果两道题你的选择是不一样的，说明你可能并不是喜欢情绪稳定的人，你只是接受不了对方的坏情绪。你希望开心的时候，他（她）能够跟你一起开心，但是当你们发生争执的时候，他（她）却必须要表现得没有情绪。

当我们谈论选择情绪稳定的伴侣的重要性时，我们实际上是在探讨一种深层次的、关乎人际关系质量和长期幸福感的议题。情绪稳定不仅仅是一个人的心理状态，它更是塑造健康、和谐关系的关键要素。

想象一下，如果你与一个情绪起伏不定、常常因为小事而大发雷霆的伴侣在一起，你的日常生活将会如何？每一次的争执都可能演变成一场风暴，每一次的误解都可能成为无法逾越的鸿沟。在这样的关系中，你很难感受到安全和被尊重，更别提享受彼此的陪伴和支持了。

而一个情绪稳定的伴侣，能够给予你稳定的情感支持和安全感。他们懂得如何控制自己的情绪，不会因为一时的冲动而做出伤害你的事情。在面对困难时，他们能够冷静地分析问题，寻找解决办法，而不是将责任归咎于你或者陷入无休止的抱怨之中。这样的伴侣，能够成为你人生旅途中的坚实后盾，与你共同面对生活的风风雨雨。

同时，选择情绪稳定的伴侣固然重要，但是我们也应意识到，情绪稳定并非衡量一个人是否合适的唯一标准。每个人都会有自己的情绪，在与伴侣相处的过程中，我们或许会过于敏感地将对方的负面情绪解读为针对自身的负面含义，如过度解读为"她对我失去了爱意"或"他对我表现出了不耐烦"。这种解读方式可能并不客观，需要我们以更为理性、审慎的态度来审视与伴侣间的互动。

我们可以想象下面的场景：某人不慎落水，他在水中挣扎呼喊："救救我！你们为什么还没有行动？快救救我！"显然，此刻他的情绪是极度激动的。面对此情此景，岸边的旁观者却责问道："你究竟需要什么？你为什么不愿意保持冷静，理智地进行沟通？"毫无疑问，这样的回应相当冷漠，令人感到震惊，因为它忽视了当前的紧急情况，对落水者的求救信号做出了错误的解读与回应。

与此类似的是，我们常常把关注点错误地放在了伴侣的情绪上，忽略了其背后的心理需求。我们可能会过度解读对方的坏情绪，觉得对方在攻击自己，而实际上，对方可能仅是在追求一种深层次的情感共鸣，即寻求被理解和被接纳。

因此，在与伴侣相处时，我们同样需要保持开放、稳定的心态，学会倾听和理解。我们要意识到，情绪稳定并不意味着伴侣没有情绪，也不代表他们不会感到沮丧或不安。相反，他们更可能以更为成熟、理智的方式来表达自己的情绪，希望我们能与他们一同面对，共同寻找解决之道。

小贴士

我们要通过对方表达出来的情绪，去理解对方情绪背后的需求，内心真实的想法，但这并不代表我们要无条件地顺从、迎合对方。如果对方表达情绪的方式超出了合理的范畴（如诉诸暴力等），我们一定要及时警觉，寻求必要的帮助。

第三问

在恋爱中担心影响感情而无法拒绝对方怎么办？

“在恋爱关系中，我常常是那个不想让对方失望，不想伤害对方感情的人。因此，我会应下一些自己其实并不想做的事情，例如，陪同对方去看一部我毫无兴趣的电影，或是去一个我并不喜欢的餐厅。尽管我内心十分抗拒，却还是选择了妥协，因为我害怕说‘不’会让对方觉得我缺乏爱意或不够在乎。这种无法拒绝别人的心理使我感到疲惫和压抑，让我觉得失去了自我。”

在恋爱中，遇到类似的问题，重点往往都在后半句。因为如果光是拒绝，没什么难的，“不好意思，我不愿意”，这句话并不是说不出口。让人感到困难的往往是后半句——不想伤害感情。

与其纠结如何拒绝才不会造成伤害，不如转变思路，相信自己的选择能够得到对方的理解和包容。恋爱关系是长期的，偶尔的拒绝可能会让对方暂时失望，但只要彼此的感情深厚，这种失望很快就会过去。就好比我们拒绝舍友周末出游的邀请，虽然他（她）可能会有些失望，但因为平时关系良好，他（她）能够理解并接受这次拒绝，并不会因此影响彼此的友谊。换句话说，就是自己有足够的价值，能让人包容这次“拒绝”。

我们无法拒绝别人并不能说明软弱，有可能只是还没有学会表达自己真实的想法和感受。学会拒绝是成长过程中必须掌握的技能，它能帮助我们维护自己的边界和尊严。当我们决定拒绝时，要清晰而坚定地表达自己的想法，同时给予对方安慰。记住，不要因为害怕拒绝而违背自己的原则。

第四问

如何维系一段健康的恋爱关系？

恋爱中有很多相处技巧能帮助我们维系一段健康的恋爱关系，以下是一些建议。

真诚沟通

建立开放、诚实的沟通方式，分享彼此的想法、感受和需求。通过直接对话来解决问题，避免猜测或误解。

彼此尊重

尊重对方的独立性、个人空间和选择。不要试图控制或改变对方，要学会接受并欣赏彼此的差异。

倾听与理解

在交流时，不仅要表达自己的想法，也要认真倾听对方的观点。理解对方的感受和需求，有助于建立更深层次的情感联结。

找到共同兴趣

寻找和培养共同的兴趣爱好，可以增进彼此的默契度和亲近感。一起参加活动、旅行或学习新技能，都能为恋爱关系平添色彩。

妥善处理冲突

在恋爱中，冲突是难免的，关键是如何处理。要冷静地面对问题，寻求双方都能接受的解决方案。避免冷战、指责或逃避，通过积极的沟通来化解冲突。

保持独立性

在恋爱中，保持独立性是非常重要的。不要过分依赖对方，而是要在保持个人成长和兴趣的同时，双方共同成长。

给予支持和鼓励

在对方遇到困难或挑战时，给予支持和鼓励。分享彼此的成功和喜悦，增强彼此之间的情感纽带。

设定健康的界限

明确彼此在恋爱关系中的期望和界限，尊重对方的隐私和个人空间，避免过度干涉或侵犯对方的边界。

学会表达爱意

不要吝啬表达爱意和感激之情。通过言语、行动或小礼物来表达对对方的关心和爱护，让彼此感受到温暖和幸福。

珍惜当下，规划未来

珍惜当下的时光，享受恋爱的过程。同时，也要一起规划未来，明确彼此的目标和愿景，为共同的未来而努力。

除此之外，还有很多其他相处技巧，需要我们在恋爱关系中不断摸索和实践。不管是什么技巧，前提都是需要双方真诚地沟通、尊重、理解和支持，这样才能建立健康、稳定的恋爱关系，实现共同成长和进步。

第五问

如何认识恋爱中“性”的角色？

场景：在某高职学校心理咨询室，午后阳光透过窗户洒在温馨而私密的空间里。健健坐在心理咨询老师的对面，显得有些局促。

健健

老师好，我最近在恋爱中遇到了有关性的困扰，不知道该怎么办才好。

心理咨询师

健健，感谢你的信任，愿意向我倾诉你的烦恼，性往往在恋爱这一复杂而细腻的情感历程中扮演着举足轻重的角色，这是正常的，不用觉得难为情。能具体说说你的困惑吗？

健健

恋爱时我总会不自觉地想到性，但我又担心太早涉及性，会让恋爱变得不那么纯粹，我应该怎么看待和伴侣之间的性关系呢？

心理咨询师

你的担忧很常见也很合理。恋爱和性之间的关系确实需要谨慎处理。你要明白，恋爱是基于情感、尊重和理解的深厚连接，而性则是这种连接中可能包含的一部分，而非全部。性关系应该是建立在双方自愿、平等、相互尊重和充分沟通的基础上的，重要的是与伴侣进行开放而诚实的对话，了解彼此的想法、边界和期望，建立健康、安全的性关系。

健健

我总怕提性话题会让对方觉得我不够尊重她，会影响我们的关系。

心理咨询师

我理解你的顾虑，但沟通是建立健康恋爱关系的基石，选择一个合适的时机和方式，用尊重的态度表达你的想法和感受，对方很可能会理解你的坦诚和顾虑。如此才能把握好性在恋爱中的积极作用，增强双方的幸福感和满足感，但要记住，性并不是恋爱的全部，真正的爱情是建立在深层次的情感联系之上的。

健健

我明白了，谢谢老师。我会试着去沟通，找到我们之间的平衡点。

第六问

向左还是向右，我是选择困难症吗？

选择困难症亦称决策困难症，是指个体在面临决策时呈现出困扰与犹豫不决的心理状态，这在心理学上被界定为多重趋避心理冲突[①]。

在选择“向左还是向右”这样看似简单的决定时，部分大学生会感到异常困难，这可能与他们的原生家庭氛围和教育方式密切相关。原生家庭作为个体成长的最初环境，其氛围和教育方式深刻影响着个人的性格、行为习惯以及面对选择时的态度。

在完美主义家庭中，孩子可能会承受高期望的压力，事事力求完美而犹豫不决，恐惧犯错与被批评；在粗暴独裁家庭中，孩子可能会缺乏自信，面对选择时因惧怕被拒绝而犹豫或逃避；在过度溺爱的家庭中，孩子可能会缺乏独立性和责任感，在选择时会感到困惑不安；在过度惩罚家庭中，孩子可能会胆小和自卑，害怕因选择错误而受到惩罚，选择时极为谨慎；在忽略与拒绝式家庭中，父母因忙于工作或其他原因而忽略孩子的情感需求，可能会使孩子缺乏自信和勇气，难以抉择。

选择困难症虽然不是一种心理疾病，但是可能会在生活中造成种种不便，甚至影响到个人的成长和心理健康。如何克服选择困难症呢？

觉知家庭的影响，合理利用家庭资源和家庭的优势

家庭资源包括物质财富、精神支持和人际关系等。物质财富涵盖食品、住房和教育等，精神支持涵盖父母的鼓励等，而人际关系则可以为我们提供社交支持和信息共享。家庭的优势包括家庭成员的技能和经验，以及家庭的传统和文化等。认识到这些将有助于我们做出恰当的选择。

完善个性，提升自信心和决策能力

首先，了解自己的目标，以便更加明确地知道自己需要什么；其次，尝试将选择过程分解为更小的步骤，逐步缩小选择范围；最后，学会接受自己的决定，并相信自己的选择。

---

① 多重趋避心理冲突涉及两个以上的目标，它们各有优劣，既吸引人又令人排斥，导致人们难以抉择。

第七问

父母过高的期待令我窒息，我该怎么办？

场景：在经历了期末考试之后，健健带着一颗忐忑不安的心回到了家中。妈妈一看到他，就迫不及待地问起了他的考试成绩。面对妈妈的提问，健健却吞吞吐吐地没有给出明确的答复。看到儿子这样的反应，妈妈顿时感到非常生气，她严厉地批评了健健，责怪他为什么不能坦诚地面对自己的成绩。

健健被妈妈的批评声包围着，他心中充满了压力，同时也感到非常委屈和失望。于是，在冷静下来之后，健健鼓起勇气去寻找心理咨询师的帮助。

健健

老师，我已经非常努力了，但还是考得不好。我再怎么努力都没法达到父母的要求，我感觉自己太没用了。

健健，我听出来了，你的父母对你有着过高的期待。如果他们能够充分理解你的想法，不给你这么大的压力，会不会一切都不一样呢？

心理咨询师

健健

父母对我的要求很高，是因为他们对我的期待很高。如果他们也能理解我的感受，我应该很快就会从挫败感中走出来！

是这样的，健健。父母对孩子有过高的期待是一个普遍存在的现象，这可能与补偿心理①、从众心理②和攀比心理③有关。这些心理因素导致父母常常将自己的愿望投射到孩子身上，希望孩子能够弥补自己曾经的遗憾，或者达到社会普遍认可的成功标准。

心理咨询师

---

① 补偿心理是个体在面临困难或无法达到目标时，通过采取其他成功的行动来代偿某种能力缺陷从而弥补因失败造成的自卑感，如比赛失利后加倍训练，为下次夺冠做准备。

② 从众心理是指个人受到外界人群行为的影响，而在自己的知觉、判断、认识上表现出符合公众舆论或多数人的行为方式，即通常所说的“随大流”。

③ 攀比心理是一种脱离自身实际情况而盲目攀高的心理。如在社交媒体上看到别人晒成就，便加速追求自己的“成功”以赶超他人。

健健

老师，我明白了。可是，我现在依然非常难受，因为我改变不了父母的想法，我该怎么办呢？

心理咨询师

首先，沟通需要选择合适的时机和地点。沟通时，选择恰当的时机，找一个安静、舒适的环境，使你和父母的对话在一个积极、平和的氛围中进行。

其次，明确你的沟通目的，是希望得到理解、支持，还是为了分享你的想法和感受。

最后，用尊重和理解的态度去表达。在沟通过程中，尽量保持冷静和礼貌，避免使用攻击性的语言或指责对方的语气，要学会换位思考，促进沟通的顺利进行。

健健

谢谢老师，听了这些建议，我会试着去和父母沟通，努力改善我们之间的关系。

心理咨询师

沟通是一个双向的过程，需要双方的共同努力。如果父母没有立即理解你的观点或同意你的意见，不要气馁或放弃，试着以更加耐心和开放的心态去继续沟通，相信随着时间的推移和不断的努力，你们的关系一定会得到改善，用心去倾听、去表达、去理解对方，终能彼此理解，建立起良好的沟通桥梁。

第八问

我不想做“妈宝男”，我该怎么办？

场景：“五一”假期的一天，健健的女友琴琴说，想和他去看一场音乐会。健健说：“我妈说看音乐会没意思。”琴琴又说，想去郊外野炊。健健回答：“我妈说太远。”于是，琴琴生气地直接拉黑了健健。健健十分苦恼，便去寻求心理咨询师的帮助。

健健

老师，我和女朋友相处很久了，我对她很有感情，真的不想和她分手，可是她说我是“妈宝男”，我很难受。

心理咨询师

是的，我能感受到你的伤心难过。不过，琴琴只是把你拉黑了，并没有说要和你分手。也许她只是对你的说话方式感到不满，希望通过拉黑的方式让你注意到她的情绪。

健健

也许是像老师说的那样吧。但是，我去她宿舍楼下等她的时候，她当面对我说，她不和“妈宝男”谈恋爱！

心理咨询师

健健，你别着急。在这件事上，你需要先想清楚自己的问题，再和女朋友好好沟通。对了，授课老师在课堂上讲过“分离个体化”[①]，你还记得吗？

健健

我还记得，老师之前说“分离个体化”是一个持续一生的过程，因此，我总觉得无法摆脱对妈妈的习惯性依赖，这该怎么办呢？

心理咨询师

面对“分离个体化”这一漫长且深刻的心理旅程，你感到对妈妈的习惯性依赖是难以避免的。然而，这并不意味着你无法克服它，只是需要时间和策略来逐步减少这种依赖。首先，要意识到这种依赖的存在，并接受它作为你成长过程中的一部分。每个人的成长路径都是独特的，你也不例外。其次，接受这一事实，是开始自我改变的第一步。最后，你需要积极培养自己的独立性和自我调节能力来应对挑战，逐渐形成清晰的自我认知。

① “分离个体化”指的是个体对自我形成独立自主的完整意识，并与亲密他人（主要是父母）完成心理分离的成熟历程，是个体成长和发展过程中不可或缺的一部分。

健健

建立自我认知这一点我明白，但是在家庭方面，具体我应该怎么行动呢？

在家庭生活中，你需要有对困难的正确认知，减少对父母的依赖。发现家庭系统中不合时宜的规则时，要有的放矢地从自己开始改变，提高独立解决问题的能力。你可以从自己做小的决定开始，慢慢变得独立自主。一开始你有可能做得不够好，但你会慢慢进步的。

心理咨询师

健健

我知道了。但是如果自己和家庭的问题很难解决，我应该怎么办呢？我觉得要让自己独立，真是一件困难重重的事！

锻炼独立能力确实是一个需要时间和勇气的长期过程，需要你的耐心和坚持，但每一步的尝试都是向前迈进的一步。你可以从简单的日常活动中锻炼自己，如主动承担家务，在日常生活中尽量自己做出决定，无论是关于穿着、饮食还是休闲活动等。

心理咨询师

健健

谢谢您的指导和鼓励，我一定会好好努力，展现出真正的男子汉风采！

很高兴看到你的勇气和决心，只要你真心实意地想要改变并付出努力，我相信你之后一定可以变得更加独立。但改变需要时间，如果遇到任何的难题或困惑，可以随时来找我交流探讨。

心理咨询师

第九问

我的爸妈是控制型父母，我该怎么办？

心心正在宿舍里专心致志地阅读《原生家庭》一书，读着读着，她突然泪流满面。她的抽泣声引起了舍友们的注意，大家纷纷询问："发生了什么事情？"心心一边擦拭眼泪，一边把手中的书展示给室友："看了这本书，我才意识到我的父母可能属于控制型父母，我以后该怎么办呢？"

心心阅读的《原生家庭》一书，通过大量真实的案例研究，深刻分析了控制型父母可能会对子女的成长和发展产生负面影响，他们过度干涉子女的决策，限制子女的自由和独立性，导致子女缺乏自信和自主能力。

控制型父母会通过各种方式来控制子女：

（1）过度保护。他们会过度保护子女，不让子女接触任何可能带来风险的事物，导致子女缺乏独立性和自主能力。

（2）严格规定。他们会对子女的生活和行为做出过多的规定和限制，不让他们有任何自主决策的机会。

（3）批评和贬低。他们会经常批评子女的行为和表现，甚至贬低他们的能力和价值，导致子女缺乏自信和自尊，在成长过程中无法发展出健康的自我认同和自主能力，甚至成年后，这些影响仍会持续存在，并对个人生活和职业发展产生负面影响。

心心可以尝试这样做：

（1）觉察父母的局限，接纳自己的伤痛。我们可以原谅父母，但是在原谅之前，要诚实面对所有的伤害，接纳自己的伤痛，允许自己发泄愤怒，才是真正解决问题的态度。

（2）与父母有效沟通，表达真实感受。用一致性沟通法[①]向父母表达自己的感受和需要，争取自己的权利。

（3）如果无法改变父母的行为，可以考虑寻求专业帮助，例如，心理治疗或咨询辅导。

---

① 一致性沟通法是一种使人内在感受和外在表达保持一致，并确保与沟通对象信息传达准确、情感表达真实的交流方式。

第十问

我如何才能与父母和解？

周日早上8:30，熟睡中的心心被电话铃声吵醒。心心睡眼惺忪地接听了电话，电话那头，妈妈的声音响彻整个宿舍："心心，你的微信朋友圈为什么屏蔽了我？你是不是长本事了，不听妈妈的话了……"妈妈连珠炮似的责问让心心愤怒不已，于是她挂断了电话。

你是否遭遇过类似的情境呢？这实际上是代际差异与沟通不畅所引发的冲突，即代际冲突[①]。

随着数字化进程加快，我们的代际冲突变得前所未有的激烈，且有从日常生活逐渐向线上扩散的趋势。很多大学生像心心一样，朋友圈屏蔽了父母，屏蔽的原因多种多样，例如，怕自己晒在朋友圈的内容让父母反感或是担心。我们与父母可能会在观念上有很多不同，易造成代际冲突，使得我们的亲子关系变得不和谐，呈现出相爱相杀的局面。那么我们该如何与父母和解呢？

一、正视矛盾

我们无法选择家庭，也无法选择父母，只能接纳这样一个事实。父母也有无奈，也有局限，没有谁的父母是完美的，"为人父母"也是需要学习和成长的过程。发生矛盾时，我们要做两件事：第一，了解父母干预我们的真正理由；第二，让父母了解我们为什么要这么做。

二、接纳父母

我们要无条件地接纳和关爱不完美的自己，也要接受父母的不完美，就像父母接纳我们一样。我们可以和同学或朋友聊一聊父母的事，借助别人的眼睛，从不同角度看待事情。我们要去发现父母的优点，感知他们背后的辛勤付出与无私奉献，父母优点的体现往往就在日常生活的点滴之中，在无形中影响着我们。追溯我们成长的足迹，不难发现，父母总是以一种宽容与接纳的姿态，默默包容着我们的不完美，我们也应该用同样的理解和爱来接纳我们的父母。

---

① 代际冲突是指两代人因思维方式和行为方式的差异而呈现的矛盾关系。

第四篇 真诚以待得知己——同伴关系

友情是一种深入心灵，彼此理解，相互支持的宝贵情感，能给我们带来温暖和力量，是我们心灵成长和幸福生活的有力支撑。在大学的学习与生活中，我们对建立深厚而真挚的友谊充满了期待，渴望结交更多的朋友。

通过对本篇内容的学习，我们可以更好地了解自己当前的人际关系状态，掌握建立人际关系的方法，增强在人际交往中的吸引力，学会应对友情中出现的各种状况的方法和技巧。在友情的滋养下，我们的大学生活将更加丰富多彩，自身也将更加洒脱自信。

第一问

人际交往过程中的心理状态通常是怎样的?

在人际交往中，我们的心理活动或心理现象是丰富多彩的。我们就像一个演员，会通过面部表情、说话音调、语句结构、姿态行为等呈现出不同的状态。加拿大心理学家艾瑞克·伯恩在《人间游戏》一书中，提出了人际沟通分析理论（人格结构的PAC分析）。他认为人际交往主要由父母、成人、儿童这三种比重不同的心理状态构成（图4–1）。

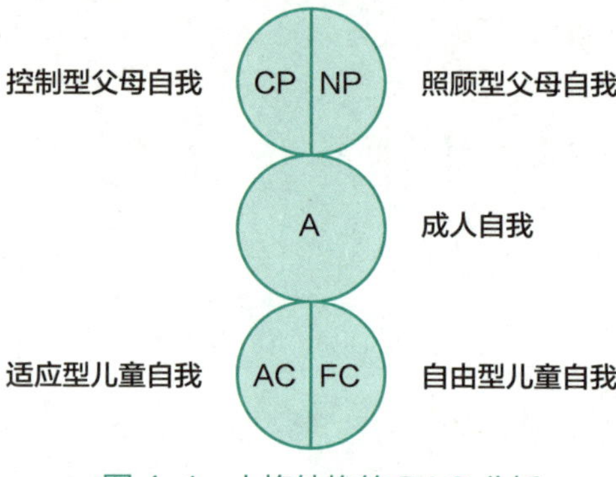

图4–1 人格结构的PAC分析

人与人之间的交往就是人们内心中“三个我”之间的交往（图4–2）。其中，最理想的状态是成人和成人间的交往，因为可以根据理性和事实进行交流。一个心理健康的人，能够灵活切换“三个我”，在合适的时间和地点，选择合适的角色来应对各种社交情境。

父母：内心的家长

这是我们在成长经历中，从父母身上复刻的思想、情感、权威和关怀的元素。这个状态占主导时，我们可能表现得像控制型父母（CP），总是在指出问题，言语里充满说教，或者像照顾型父母（NP），总是给予鼓励、关怀和安慰，言语里更多的是理解和接纳

成人：理性的自我

成人状态下的我们如同理性的分析者，善于根据客观事实做出理智、理性的分析和决策。处于这个状态下时，我们倾向的表达方式为“我认为.....”“我的想法是.....”

儿童：内心的孩子

这是我们内心深处的小孩形象，他(她)可能是自由、天真和冲动的，也可能是顺从、听话和讨好的。这个状态占主导时，我们可能表现得像自由的小孩（FC），会充分表达内心的情感，冲动、天真、自发行动、爱憎分明，或者像顺从的小孩（AC），听话、服从、讨好、友爱，内心常常充满自责和担心

图4–2 人际交往状态：“三个我”

第二问

如何让别人更信任我?

在大学生活中，构建稳固的人际关系并赢得他人的信赖，有着十分重要的意义。信任不仅是人际交往与协作的基石，更是培育友谊的前提条件。那么，我们应当如何运用策略赢得他人的信任呢?

首先，有选择性地自我暴露[①]。人际交往中，一个人开始自我暴露，便意味着此人想要建立信任关系。若对方以同样的自我暴露水平做出反应，这便是接受信任的标志。人际关系越好，彼此的信任程度和接纳程度就越高，自我暴露得也越多。可以说，自我暴露是人际关系信任水平的标志。但自我暴露也伴随着一定的风险，所以，自我暴露的内容和程度要有选择性，要视交往的对象而定。

其次，理解他人的真实需求。我们要站在他人的立场，理解他人的真实需求，在他人需要的时候给予恰当的帮助。如果一个人想要的是理解和接纳，而我们一味地分析问题或讲道理，看似是在帮助对方，实际上起不到任何作用。我们在看一件事的时候，要对他人的行为进行多角度地思考与观察，避免主观臆断。我们只有真正地理解他人，才能架起与他人之间信任的桥梁。

再次，对人对己诚实守信。诚实守信是获得信任的前提。一旦许诺就要保证做到，实在不能兑现承诺时，我们就要暂时承受信任度降低的后果，而后设法恢复、重建信任。对外界的信任，是我们对自己的信任向外投射的结果。我们对自己诚实，日积月累就会变成对他人的诚实。

最后，勇敢迈出信任的步伐。在这个世界上，没有绝对值得信任的人和事，信任也可能伴随着一定程度的风险。心理健康的人，会模糊处理这一问题，只要有较大的把握，就选择完全的信任；而心理健康状况欠佳的人，会过分计较没有把握的极小部分，并因此迟疑不定，患得患失。

---

① 自我暴露是向他人分享自己的个人信息，从兴趣到深层秘密的逐渐深入的过程。

第三问

如何结交新朋友？

心心

老师，我是一名大一新生，很想在大学这个全新的环境中结交一些新朋友，却不知道该如何做。我的性格有些内向，课间也只是和周围的同学简单交流几句，无法深入了解彼此。我很苦恼，到底要怎样做才能结交到真正志同道合的新朋友呢？

心理咨询师

心心，别着急，结交新朋友是一个循序渐进的过程。你可以积极参加各种活动，如课堂讨论、社团活动，大方地展现你的个性和才华。只有真实地展现自己才能吸引那些真正和你志同道合的人。

心心

我明白了，展现自己很重要。那在和别人交流时，我该注意些什么呢？

心理咨询师

要注意真诚地倾听。当你认真倾听别人时，既给予了对方尊重，也能更好地了解对方。倾听时要全身心投入，不要急于打断对方的话或发表自己的看法。保持积极的心态也很重要。要以开放、接纳的心态去面对周围的人，放下内心的防御和偏见。此外，还可以用积极幽默的话语吸引别人。

心心

听起来很有用。我还应该做些什么来主动和别人交流呢？

心理咨询师

你可以主动开启交流。不要总是被动等待，例如，主动打招呼，微笑，或者提出一些开放性的问题，引起对方的兴趣，进而展开更深入的对话。

心心

好的，我会尝试主动一点儿的。那交到新朋友后我要如何维持这段友谊呢？

心理咨询师

结识新朋友后，保持联系很重要。你可以通过社交媒体、短信或电话与对方保持联系，分享一些有趣的事情给对方或邀请对方参加活动。持续的情感交流可以加深你们之间的友谊。记住，社交技巧的提升需要投入足够的时间去实践尝试，你会越来越自信的。加油！

第四问

如何维系良好的寝室关系？

在大学生活中，同一屋檐下的室友是与我们相处时间最长的人。处理好与寝室成员的关系非常重要。融洽的室友关系不仅使我们心情舒畅，还有利于学习和身心健康。如何处理好寝室关系，让宿舍成为一个温馨的家呢？

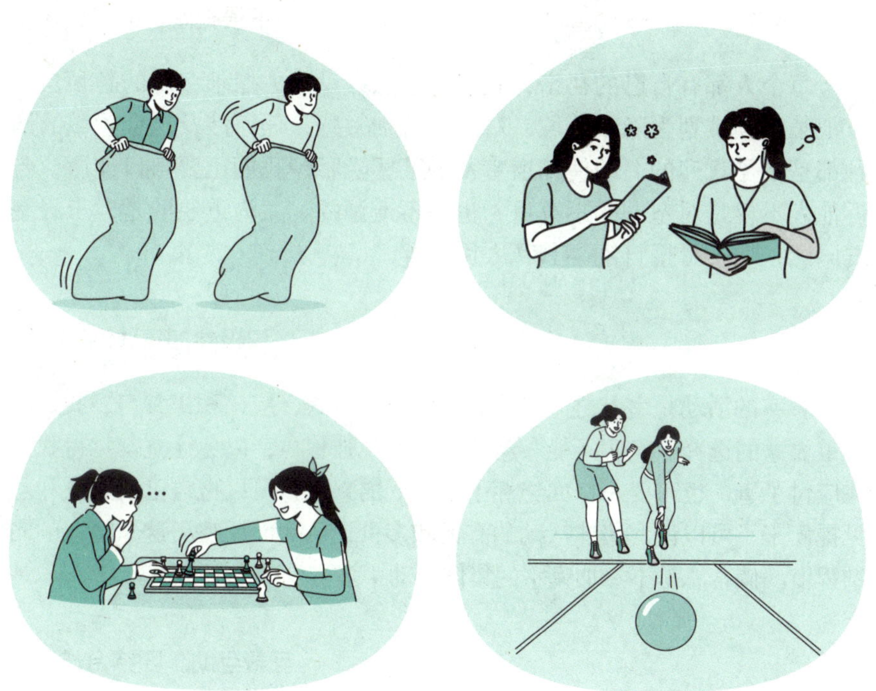

与室友统一作息，在日常生活中多些包容和理解

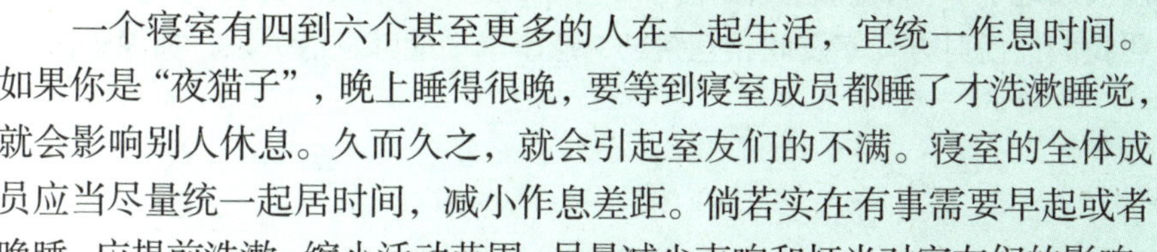

一个寝室有四到六个甚至更多的人在一起生活，宜统一作息时间。如果你是“夜猫子”，晚上睡得很晚，要等到寝室成员都睡了才洗漱睡觉，就会影响别人休息。久而久之，就会引起室友们的不满。寝室的全体成员应当尽量统一起居时间，减小作息差距。倘若实在有事需要早起或者晚睡，应提前洗漱，缩小活动范围，尽量减少声响和灯光对室友们的影响。

不搞“小团体”

在寝室，我们应以真诚平等的态度对待每一个人，不要厚此薄彼，和一部分人打得火热，而对另一部分人疏远不理。有的人喜欢与同寝室的某一个人亲近，平时总是和他（她）说悄悄话，无论做什么事，都和这个人在一起。这就不利于建立和谐的室友关系。我们不反对同室友建立深厚的友谊，但局限于“小团体”，牺牲和谐的寝室关系是不可取的。

不侵犯室友的隐私

每个人都有自己的秘密，我们不要想方设法去探求室友的隐私。对方把某个领域划为隐私领域，对此会特别敏感，任何涉及这个领域的话题都是不受欢迎的。即使知道室友的某些隐私，我们也要守口如瓶，告诉他人不仅是对室友的不尊重，也是不道德的。尤为重要的是，未经室友同意，切不可擅自乱翻其私人用品等。

积极参加集体活动

寝室的活动是室友之间联络感情的重要方式，应该积极参与，我们要尊重大家的选择。确实不能参与的，不要勉强参与，以免让室友觉得我们在应付了事，也不要一口回绝坏了室友们的兴致，可以把自己的想法和意见提出来。可以说，集体活动的有无和多少，从侧面反映了这个寝室的团结程度。倘若总是不参加寝室的集体活动，多多少少会显得不合群。

互帮互助，团结合作

良好的人际关系是以互相帮助为前提的。在同一寝室生活，我们要有良好的合作意识，当室友遇到困难时，我们应当在自己能力范围内主动伸出援助之手。当我们遇到困难时，也可以向室友求助。因为向别人求助表明我们信任对方。室友间相互帮助，遇事求助能够融洽关系，加深感情。

第五问

如何提高情商，让自己在交往中避免尴尬呢？

有时候，我们难免会在人际交往中遇到尴尬，这里有六个实用小技巧，可以帮助我们更好地融入社交情境。

注意社交距离

心理学家爱德华·霍尔研究发现，0.45~1.22 m 是我们与他人沟通时的一般距离（图 4–3）。具体的数值，可以通过观察自己向前是否会引起对方不自觉地后退来确定。如果是，那就表明在这个距离内，对方还没有对我们建立起安全感，我们就不要再往前了，否则很容易使对方产生生理应激，可等彼此有了基本的了解并建立了安全感后，再进行适当调整。

亲密距离
- 近端：15 cm以内
- 远端：15~45 cm

个人距离
- 近端：45~75 cm
- 远端：75 cm~1.2 m

社交距离
- 近端：1.2~2.1 m
- 远端：2.1~3.6 m

公众距离
- 近端：3.6~7.5 m
- 远端：7.5 m以外

45 cm　1.2 m　3.6 m

图 4–3　人际空间距离

学会具体地赞美

赞美是人际关系的“润滑剂”，但是实际上很多人都不擅长赞美他人。赞美时要符合事实，确实值得赞美的才赞美，这是对双方的基本尊重。赞美的内容要真实、具体、有细节，这会让对方觉得我们的赞美是真诚的，我们是很用心的人。

学会有策略地提问

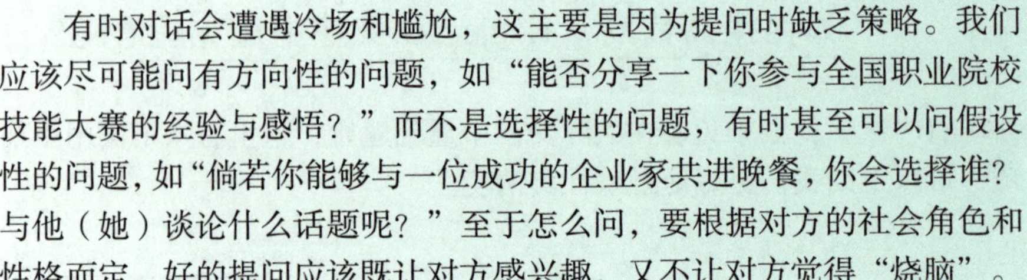

有时对话会遭遇冷场和尴尬，这主要是因为提问时缺乏策略。我们应该尽可能问有方向性的问题，如“能否分享一下你参与全国职业院校技能大赛的经验与感悟？”而不是选择性的问题，有时甚至可以问假设性的问题，如“倘若你能够与一位成功的企业家共进晚餐，你会选择谁？与他（她）谈论什么话题呢？”至于怎么问，要根据对方的社会角色和性格而定。好的提问应该既让对方感兴趣，又不让对方觉得“烧脑”。

及时调整行为和情绪

行为和情绪具有感染性。我们在与人交往时应该尽可能保持较好的精神状态，让对方受到我们情绪的感染，并做出积极的回应。如果我们希望对方能够有更多的反馈，言行就不要过于拘谨。

增加熟悉感

人们倾向于喜欢熟悉的东西，在我们的潜意识里，熟悉意味着更多的安全感。在与人交往时，我们可以寻找与对方的相似点来增加熟悉感，例如，双方来自同一个省份，或者毕业于同一个学校，通过寻找地缘和经历的相似性来增加熟悉感。除此之外，双方观点相近也能够增加熟悉感。当对方表达与我们相似的观点时，我们可以积极地认同。彼此之间的熟悉感建立起来之后，双方才有机会进行更多地了解。

克制过强的表现欲

我们每个人都希望自己的观点被认同，但是一个人的表现欲过强时，也会让人觉得有较强的攻击性，有贬低他人之嫌。这会让对方没有安全感，因而对我们保持警戒和距离。适度表达，有所保留，反而可能成功激起对方对我们的兴趣。

第六问

与朋友发生冲突该怎么办呢？

心心

老师，我最近与宿舍里关系最好的朋友产生了一些摩擦，比如晚上熄灯后室友还在发短信，手机一直没静音，让我难以入睡。另外，有时我们约好了轮流打扫卫生，但她总是忘记或者做得不彻底，最后都需要我帮她完成打扫。我心里很生气，但又不想因为这些事情争吵，感觉很疲惫，不知道为什么自己总是处理不好人际关系。我想要解决这个问题，但又不知道从哪里开始。

心理咨询师

心心，我理解你的感受，处理好宿舍冲突确实很重要。你可以思考一下你平时处理冲突的问题所在，比如遇到冲突习惯退缩或缺乏沟通。了解了具体缘由，便可以帮助你更好地处理与朋友之间的冲突。

心心

是的，我在处理冲突时总是习惯性回避，我很想改变，应该采取什么样的行动呢?

心理咨询师

与朋友发生冲突时，你可以采取积极、具体的行动。明确问题所在，然后根据具体情况进一步思考分析，找出解决方案，并选择一个最好的方案来实施。重要的是要面对问题，而不是逃避。例如，你可以和室友坐下来，冷静地表明你的困扰，如“我注意到我们对打扫卫生的安排有时会产生分歧，这让我感到困扰。我们能不能一起想个办法，让打扫卫生变得更加有序？”通过沟通交流共同探讨解决方案，如制定一个更明确的值日排班表，或者轮流监督卫生状况，确保每个人都能尽到责任。记住，有效地沟通和共同合作是解决问题的关键。

心心

谢谢老师，我会按照您提供的建议去和室友进行沟通的。此外，我发现自己在处理人际关系时，总有一些消极的自我暗示，有什么好的办法改善吗?

心理咨询师

你的自我认知很清晰，平时要注意改变那些消极的自我暗示并减少悲观情绪，质疑这些想法的合理性，它们只会让你感到愤怒和焦虑。你可以试着用更积极的方式来思考，比如“我总能找到解决问题的方法”。

心心

老师，我还有一个困惑，就是有时我和朋友会因为小事吵架，之后谁也不愿意先低头，这种情况怎么处理比较合适呢？

心理咨询师

因为某件小事破坏了你们的友谊真的值得吗？遇到这种情况不妨站在对方的角度多想一想，不要让骄傲和面子影响你们的友谊，你可以迈出沟通的第一步，真诚主动地沟通，表达自己的感受，同时也聆听对方的想法。真正的友谊不会因为小小的摩擦而终结，而会因为相互的包容和理解历久弥新。

心心

其实，我也一直在反思自己，确实，我有时太过执着于自己的立场和感受，而忽略了对方的想法。这不仅仅是因为骄傲和面子，更多的是因为我害怕面对可能的不和与冲突。

心理咨询师

心心，你能意识到这一点，说明你已经迈出了成长的重要一步。很多人都会因为害怕冲突而避免去倾听和理解他人，但你却选择了面对。这种勇气，这种对真实沟通的渴望，是你未来道路上最宝贵的财富。

心心

谢谢老师！那有什么好的社交技能来帮助我建立更好的关系吗？

心理咨询师

人际交往中有一些很实用的小技巧，例如，你可以保持微笑、放平心态、积极倾听，并使用“我”型句式来表达你的感受和需求，如“当你晚上发短信不静音时，我感到很烦躁，因为我对声音很敏感。如果你能调成静音，我会非常感激”。同时，学会放松也很重要。发生冲突时，你可以尝试放松肌肉，进行深呼吸，或者用积极想象来保持平静。

心心

谢谢老师，我会试试的。

心理咨询师

不客气！保持积极的心态，相信自己可以处理好这些问题。如果在这个过程中遇到困难或者想要进一步探讨，欢迎随时回来沟通。加油！

第七问

被朋友背叛了怎么办？

“朋友在背后中伤我，我不再信任友情。”“我的朋友在我需要支持时站在了另外一边。”“我让朋友一定保密的事情被朋友随意说出去了。”……被朋友背叛是非常痛苦的经历，它会给我们带来心灵上的创伤和困惑。发现朋友背叛我们时，我们会感到愤怒、伤心、失望和不信任。面对朋友的背叛，我们要保持理智。尽管内心很痛苦，但情绪化的反应往往不会有助于解决问题。在理智的状态下，我们可以更好地处理此事并做出明智的决策。

理清事实做决定

在做出决定之前，我们要弄清楚事情的来龙去脉。坦诚地与朋友对话，表达自己的感受，并寻求解释，避免产生误会。根据实际情况（如朋友的解释、态度、关系修复意愿程度等）考虑是否给予对方机会修复这段关系。如果我们决定原谅对方并给予对方机会，我们就需要和对方重新建立信任。这个过程可能需要时间和努力。原谅并不是要忘记朋友的背叛，而是为了让自己从痛苦中解脱出来，最终感受到平静和释然。

分享感受求支持

在这个困难时期，我们需要情感上的支持。我们可以把自己的感受和困惑告诉家人、朋友等关系亲密的人，他们可以提供安慰和支持。如果有需要，也可以寻求专业心理咨询师的帮助。

自我反思向前看

被朋友背叛的经历可以帮助我们反思自己的友情观，更加了解自己对友情的态度，帮助自己改善与他人的友谊。我们不能因为被个人背叛就不再相信友谊，对自己的社交能力失去信心。在遭遇背叛、感到痛苦时，可以将注意力集中到自己的成长和发展上，通过学习和参加各种活动充实自己的生活。

第八问

我们该如何面对那些不喜欢我们的人呢？

心心

老师，在社团活动中，有几个同学对我态度很差。我们一起策划活动方案时，我提出了一些想法，他们不仅全盘否定，还对我冷嘲热讽。自那以后，每次社团活动遇到他们，我心里就特别堵，听到他们的声音就感觉很刺耳，根本没法投入到活动中。我真的很困惑，不知道该怎样面对他们，也不知道该怎么改变这个局面。

心理咨询师

心心，老师非常理解你的困扰和烦恼，这种感觉肯定不好受。每个人在成长的过程中都会遇到这样的情况，这是很正常的。别太担心，我们可以一起想办法来应对。如果你们之间的关系比较差，最直接的办法是保持距离。就像噪声源离得近会让人烦躁，厌恶源离得近也会让我们感觉不愉快。要是实在无法忍受讨厌的人，最好换个环境，远离他们。因为人有很好的自我保护机制，就是遗忘。只要不常看到，就会慢慢忘记对方对我们的影响。

心心

我怀疑我们之间有误会导致他们不喜欢我，但直接问又显得太突兀，我该怎么做呢？

心理咨询师

如果感觉对方对我们存在误会，可以尝试增加与他们的合作。比如，共同完成一个任务，这样可以在合作中增加对彼此的好感和信任。请求对方帮忙也是一个好方法，因为在帮助我们的过程中，对方可能会对我们产生更多的关怀。

心心

有时候，我对别人的反应好像有点儿过度，这是怎么回事呢？

心理咨询师

有时候，我们可能会放大自己的生理反应，进而导致对他人和环境产生排斥。比如，有些同学考前压力大，对教室里发出的任何声音都特别敏感，表现出明显的环境适应不良。当身体状况不好时，身体会觉得不安全，分泌更多皮质醇应激，对周围更警惕，更有攻击性。不过，运动能促进身体释放血清素和内啡肽等物质。运动时，大脑感知到疲劳就会释放出这些物质，以减少疲劳，让身体放松。同时，这些兴奋类激素也能帮我们消除紧张和不安。你可以通过每天进行适当运动和转移注意力来缓解这种过度敏感和紧张的状况。

心心

那我该怎样控制自己的情绪，不让别人感受到我的不友好呢？

心理咨询师

当你发现自己有敌对情绪时，要及时干预。我们的情绪大都可以通过身体语言传达给别人，所以即使你隐藏了对某人的不喜欢，对方也可能感受到。尽量放松，控制自己的身体语言，减少恶意，消除误解。

心心

老师，真的很感谢您给我提供了这么多实用的建议。我会尝试去运用这些方法，以便更好地处理与他人的关系。

心理咨询师

不用谢，很高兴能帮到你。记住，每个人在人际交往中都会遇到挑战，关键是要学会调整自己的态度和应对方式。保持开放和积极的心态，相信你会越来越擅长处理这些问题。

第九问

如何拒绝别人？

我们在人际交往中难免会遇到不符合自己意愿的要求，想要不委屈自己，就要学会拒绝。恰当、得体、不伤害地拒绝别人无疑是对个人情商的一种考验。拒绝的能力往往与自信紧密联系，缺乏自信和自尊的人常常不好意思拒绝别人，会因为拒绝别人而感到不安，把别人的需求看得比自己的情绪更重要。

明确自己的决定

拒绝别人之前，首先要明确自己的想法、决定以及背后的原因，要清楚什么是自己真正想要的，更好地认识自己，这样才更有勇气做出拒绝别人的决定。一旦做出决定就不要因为对方的劝说而轻易改变，除非自己认为这是正确的。如果当下很为难，可以告诉对方自己需要一些时间来考虑，有足够的时间考虑，我们会更有勇气去拒绝别人。

直接而礼貌地回应

如果我们要拒绝，应直接而礼貌地回应，不要过多地解释。可以简洁明了地拒绝，如："谢谢你的提议，但我认为这并不适合我。"也可以给对方留有余地，如："我现在的情况可能不允许我接受，但将来有机会我会考虑的。"还可以清楚表达自己的理由，如："我很抱歉，因为我现在正忙于其他重要的事情。"

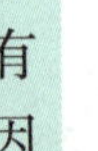

调整心态

不要感到愧疚，我们有拒绝的权利，就像对方有权利要求我们提供帮助一样。有时候，拒绝别人是让对方学会为自己负责。不要因为拒绝对方而频繁道歉，我们只是在拒绝不符合自己意愿的请求，而不是排斥对方。

注意措辞，用语显示尊重

拒绝别人时要保持对对方的尊重，避免使用攻击性或负性用语，尽量选择私下拒绝，以免对方尴尬。表达上多使用“我感觉”“我需要”等，减少对对方的指责，对方也更容易接受。

给出替代方案或建议

当我们无法亲自参与某项活动或任务时，可以提出其他可行的替代方案，表明我们对事情的重视和对对方的理解，让对方感受到我们的诚意，还能体现出我们对解决问题的关注和积极性。通过提供替代方案，帮助对方找到其他支持，助力事情顺利进行。

表达感激和肯定

在拒绝的同时，除了直接而礼貌地回应，我们也要对对方的邀请或请求表示感谢，肯定他们的好意。这可以缓和拒绝带来的冲击，让对方感受到你的尊重。例如：“我真的很感激你的好意，你的信任让我很感动。”这样既表达了歉意，也展示了对对方的尊重，并不直接否定对方的价值或能力，而是强调自身的限制。

总之，拒绝别人是一门艺术，需要我们在实践中不断学习和提高。只要我们能够明确自己的立场和原则，选择恰当的表达方式，注意自己的情绪和态度，并给出合理的解释和建议，那么我们就能够以恰当的方式拒绝别人，同时保持良好的人际关系。每个人都有权利说“不”，学会有效地拒绝是维护个人边界和心理健康的重要部分。

小贴士

拒绝他人时，无论用哪种方式，都要确保语气友好，尊重对方，同时立场坚定。这样可以避免误会和矛盾。

第十问

想要建立良好的人际关系，我应该付出哪些行动呢?

心理学课堂上，授课老师从口袋里拿出准备好的签字笔问学生："要从我手上拿走这支笔，有几种方法？"正当大家热火朝天地讨论时，有一个人走过去，二话不说，伸手就把笔拿走了。大家恍然大悟，原来把笔拿走只有一种方法——行动。同样，想建立良好的人际关系，行动才是关键。我们可以从拓展人际交往圈、为友情账户"充值"、付出感恩行动三个方面提升自己的行动力。

拓展人际交往圈

- 积极参加班级和学校活动，扩展人际交往范围
- 真诚地表露自己，并对他人的真诚表露给予回应
- 培养社交技巧，与朋友建立深入的联系

为友情账户"充值"

- 与朋友共享美好时光，共同经历愉快时刻
- 默默为他人做一件事而不计回报
- 记住朋友的生日，分享个人的忧愁和喜悦
- 在朋友需要时给予陪伴和支持

付出感恩行动

- 对朋友的帮助和支持表达诚挚的谢意
- 感激生活中的点滴美好，如家人、朋友、老师的支持和鼓励
- 在日常生活中，关注并感激那些微小的善意和帮助

第五篇
接纳转化情舒展
——情绪管理

情绪问题并不是情绪本身出现问题，而是我们面对情绪时所采用的应对机制出了问题。所谓情绪管理，就是用合适的方式方法，探索自己的情绪，理解自己的情绪，调整自己的情绪，管理好自己的情绪。

通过对本篇内容的学习，我们可以在充分觉察情绪的前提下，深入探索其背后的心理需求，从而实现对情绪的深刻理解与接纳，以学会转化“负面”情绪，使其产生积极的影响，从而推动个人成长和发展。

第一问

人为什么会有情绪呢？

当代心理学家将情绪界定为一种复杂的身体和心理变化模式，包括生理唤醒、感觉、认知过程以及行为反应，这些是对个体知觉到的独特处境的反应。当生活中发生了一件事，如我做了件好事反而被批评，我们的大脑会通过听觉、触觉、嗅觉、视觉这些身体感觉接收到关于这件事的信号，产生愤怒感，愤怒的信号是分两路进入大脑的（图 5–1）。第一路以最快的速度到达大脑的边缘系统，即“情绪脑”。这里有一个重要的神经结构叫杏仁核，是大脑的情绪中心。它在不到 1 秒的时间内对输入的感觉进行评估，并激活交感神经系统。于是，你会在紧张时出现心慌、手抖、心悸、上腹部不适等症状。另一个重要的结构海马体同样有情感记忆的功能。它记录那些让你受到创伤的情境。当我们再次遇到类似的情境时，“情绪脑”会第一时间做出反应，避免伤害。

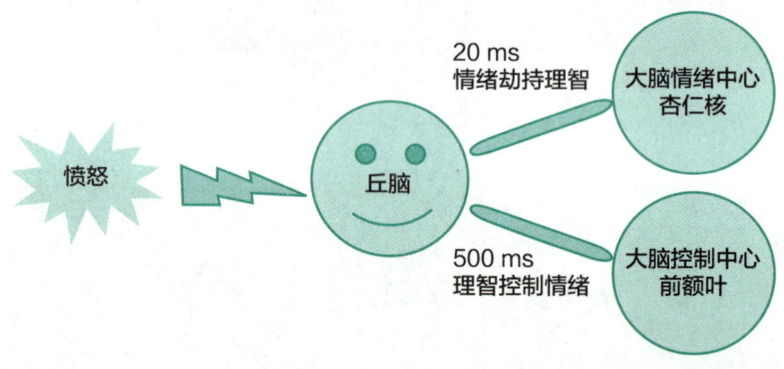

图 5–1　情绪信号传播路径

第二路信号到达大脑皮层。前额叶是皮层中进化程度最高，最后长好的脑区，是大脑的控制中心。这里储存着我们的认知和经验。信号到达这里，我们就开始思考，得出结论并伴发情绪，然后做出行为来应对。

可见，大脑的情绪中心比控制中心反应更快，所以人常常会有情绪化。人类的基本情绪包括喜、怒、哀、惧、爱、恶、欲等。随着社会的发展，又分化出快乐、有力、平和、悲伤、生气、恐惧等更多复杂的情绪。情绪没有好坏之分，只是一种体验性的心理活动。

第二问

情绪在释放哪些信号呢？

心理学家说每个情绪都是信使，都是带着信息来与我们沟通的。情绪是送信人，每一封信都来自我们内心。如果你好好地收下这个信息，认真应对并处理好它，信使就会变成天使。

下面，让我们来举例解析一下情绪带来的信号。

健健不喜欢打游戏，但舍友们喜欢，他回到宿舍想和大家聊聊天，却没有人答理他，只有和大家讨论游戏的时候，舍友才偶尔跟他说话。他很难过，一回到宿舍就感到很压抑。

健健虽然感到压抑，却没有爆发，而是选择了忍耐，避免了与舍友发生矛盾，也让他获得安全感。

用同样的思维方式去看待别的情绪，也会有积极的一面。例如，愤怒包含着自尊、炽热的力量，甚至是应对挫折、悲伤和疑问的勇气。

嫉妒告诉我们真正想要的是什么，以及多么想要。因为嫉妒来源于我们对想要但暂时还没有得到的东西，或者自己觉得不屑但又没能获得的东西的占有欲。所以，嫉妒就是我们没能看见或潜意识回避掉的内在需求的外在表达。

悲伤包含着疗愈与安慰作用。每经历一次悲伤都会让我们变得越来越强韧，越来越接纳，越来越成熟。

无聊中可能蕴藏着我们对生命价值和意义的追求。当我们感觉无聊时，说明我们对现状不满，或者感到目前的生活不适合自己。如果我们能够在觉察到无聊时安静地思索，或许能够找到自己想要的生活。

所以，没有不好的情绪，只有被片面认识的情绪。没有可怕的情绪，只有缺乏了解的情绪。觉察到情绪时，我们要听听自己内在真正的声音。

第三问

人为什么会有坏情绪？

坏情绪，有时候就像是内心的小气泡，一点点儿地往上冒。可能是因为工作或学习太累了，也可能是因为遇到了烦心的事情，如早上起来发现没牛奶了，天气又不好……这些小烦恼叠加在一起，心情就变得不好了。有时候是因为一些别的不如意，如考试没考好，生活遇到了困难，或者和朋友产生了误会。这些都会让人觉得心情烦闷。不过，体验到坏情绪是很正常的，虽然情绪本身不具备好坏属性，但每个人都会根据自己的感受给出好坏属性的判定。那所谓的坏情绪一般是怎么产生的呢？

第一，坏情绪往往由特定的人引起。如关系不佳的同学或舍友、唠叨的父母、高要求的家人以及那些会对我们造成危险或者曾经伤害过我们的人，都可能引发我们的坏情绪。

第二，坏情绪往往由特定的事情引发。教育部－联合国儿童基金会青少年“核心能力提升”高职情绪管理项目组开展的调查发现，被人误解、冤枉的时候最容易生气和委屈；被人贬低、指责的时候最令人愤怒；对未来迷茫的时候，最让人感到无聊和无奈；在公众场合被批评最让人感到尴尬和难过；在公众场合发言最容易让人焦虑和紧张；被孤立且不知道如何融入同学的时候最让人感到崩溃和孤独；父母吵架的时候最让人们感到无助和悲伤。

第三，坏情绪往往与身体状态有关。人的身心是密切联系的，当我们的身体出现不适，如肚子疼、牙疼、生病等，情绪自然会受到影响，会觉得抑郁、焦虑、难过，等等。

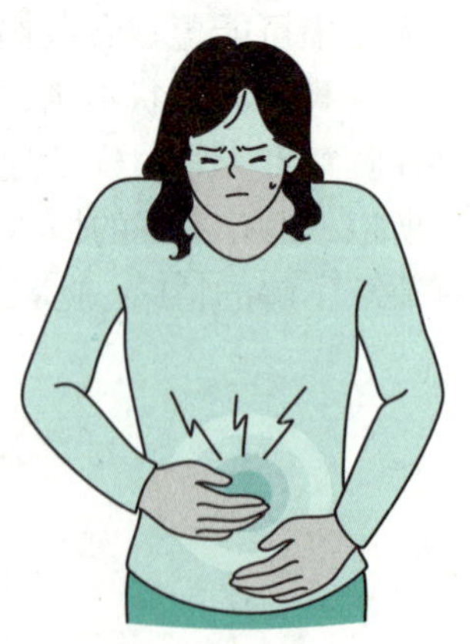

第四，坏情绪往往源于认知偏差。在成长过程中，我们会慢慢形成对事物的看法和观点，这些看法和观点不一定是正确或合适的。如果我们在批评声中长大，我们会觉得自己不够好，看人看事时就容易产生认知偏差，也无法客观地认识自己。

第四问

我该如何理解和表达自己的愤怒?

我该如何理解和表达自己的愤怒?

愤怒其实是因为我们的需求没有被看见。

心理学认为愤怒其实是一种自我保护机制。当我们发现一件事情没有按照自己的愿望去发展，又没有办法去改变的时候，就会产生一种无能为力的感受。为了摆脱这种糟糕的感受，我们就会寻找一个责任承担者。“都是你让我过得不好！”“要不是你我就不会这么生气！”我们用指责他人和发脾气的方式把这份无力感转移出去，也许让自己心里好受一点儿。

我们都希望被欣赏、被支持、被关爱。如果我们没有感受到这些，觉得自己总是被忽略，就会容易变得愤怒。愤怒实则是我们在用另外一种声音表达诉求，希望对方能看见我们的需求。但问题是，不是所有人都能读懂愤怒背后的声音，相反，大多数人看到的只有我们的咄咄逼人及对他（她）的指责与否定，其自然就会反击，到最后我们的诉求没有得到解决，反而加深了矛盾，最后两败俱伤。

那我们要怎样恰当地表达自己的愤怒呢?

我们可以表达愤怒，但是不要愤怒地表达。带着愤怒的情绪去表达，说明我们在等着他人来照顾、满足我们的感受，我们其实还存在依赖的心理，所以才用这种不成熟的方式引起别人的关注。

当我们察觉到自己的愤怒情绪，可以参考下面的建议：

第一，安抚好自己，问自己：我内心真正需要的是什么?

第二，表达自己的感受，让对方了解自己的想法，例如，“我现在特别生气，因为我觉得你从来没有关心过我的感受。”

第三，允许对方拒绝，允许对方不改变。拒绝或不改变并不代表对方不尊重我们，他（她）可能只是需要时间去调整自己，这个改变才会悄然发生。

第四，如果对方不知道如何改变，可以直接告诉他自己的需要。

第五，如果努力过后仍得不到改善，那就尝试愤怒的定点爆破法——大声说：“我要发怒啦！”然后对着墙壁大叫发泄，让愤怒的情绪逐渐平息下来。

第五问

我们该如何拥抱孤独呢?

面对孤独，我们该如何拥抱它呢?

你是否有过这样的经历：回到宿舍，舍友就像没看见你一样，或者一看到你就扭过头去，而别的同学回到宿舍，他们则会热情地打招呼；舍友聊得热火朝天，你插不上话；到教室上课，你发现没有可选的同桌，而你也没有跟他人坐在一起的想法；融不进同学的圈子，也没有人理解你；想分享或者探讨一些事情却发现没有知己，或者根本不能在一个层面交流；你感觉自己和这个世界格格不入，这么大的世界竟没有自己的容身之处！

慢慢地，你变得不想跟别人在一起，越来越孤独。那我们为什么会感到孤独，又该怎么排解并拥抱孤独呢?

我们之所以会感到孤独，是因为人是群居物种，一旦被群体排斥，就会缺乏归属感和安全感。我们祖先很早就发现群居能够更好地抵御外界的威胁，获得生存的机会，那些被踢出群体的人要孤身一人面对种种威胁，更容易受到伤害，遭遇死亡风险。

现代社会的快速变化给我们的生活带来了很多不确定性，这也让人与人之间深度的亲密关系难以建立，所以我们会产生孤独的主观体验。

如何排解和拥抱孤独？其实，排解是减轻，拥抱是升华。

首先说排解孤独。这只能短暂地解决问题，网上有各种方法可以参考，如转移注意力，学习一些社交技能，结交朋友，努力参加社交活动，照顾身体和心灵，创造属于自己的空间，求助他人等。

再说拥抱孤独。这是一种运用孤独、升华孤独的方法。当感受到孤独时，我们可以告诉自己，孤独是在提醒我们需要认真思考人生，接受孤独，是我们拥抱孤独的第一步。

接下来是转化孤独。在孤独的时候，进行自我反思：是什么让我孤独？孤独的背后，我真正的需求是什么？为了满足这个需求，我可以做些什么？一定要将思考变成可以实施的行动。例如，去完成自己曾经的一个心愿，为此设定一个具体可行的目标，然后制订计划，一步步向目标靠近。你会发现，当你专注于目标时，你已经没有时间感受孤独了。

第六问

如何将自卑转化为力量呢？

如何让自卑变成力量呢？

自卑是一种因过多地自我否定而产生的自惭形秽的情绪体验。几乎每个人都有自卑感。《自卑与超越》一书中写道：“人类的一切文化，无一不是基于自卑感而产生的。”那自卑是怎么产生的呢？

自卑往往来自比较。例如，身高 1.6 米的人和身高 1.8 米的人比，就比较矮，但和身高 1.5 米的人比，就比较高。

人们的比较有两种倾向：

一种是横向比较。例如，我的腿粗，穿裤子没有别人好看；我的经济条件没有别人好；我的爸妈不像别人的家长那么关心孩子；等等。自卑的人在心中总是默念：我不够好，我没有价值，我不可爱……这种横向比较，会让我们越比越糟。尤其在我们成长的关键期，即 6 ~ 12 岁这个阶段，心理学家埃里克森称之为“勤奋对自卑”的危机期。这个时期，我们努力将自己与同龄人进行比较。如果体验到了成功，就会获得“我有能力”的感觉。如果体验失败，就会产生“我不行”的感觉，形成自卑感。

另外一种是纵向比较。人生来具有向上的本能，会设置各种目标、理想，当这些目标、理想无法达成时，就可能会产生自卑。为了摆脱无力感，追求优越性，我们会逐渐发展出努力探索的、不断进取和超越的情感。这种纵向比较会让人产生一种向上的、积极成长的力量。

如何将自卑转化成力量呢？

一是学会纵向比较。人们寻求外部认同或进行横向评价的时候，如果不尽如人意就会越陷越深。只有纵向评价，我们才有可能发展出积极向上的力量，回归到自我。

二是立刻行动，改变观念。接纳自己的不足，在学习、生活中发现自己的优点，增强自信，在服务社会，帮助他人，自我成长的过程中实现自我价值，自我肯定。

第七问

社恐和内向是一回事吗？我有社恐该怎么办？

社恐和内向是一回事吗？我有社恐该怎么办？

心心

健健，我们学院5月有个演讲比赛，你想参加吗？据说奖品丰厚，还有荣誉证书，我有些心动。

健健

我内向，社恐，不想也不敢参加。

心心

不想参加活动就是社恐吗？我觉得你只是内向，你是不是错误理解了社恐的意思？再说了，如果真是社恐，正好可以借参加活动锻炼一下自己，不是很好吗？

这里引出两个概念，内向和社恐。健健将内向和社恐混为一谈了。内向的人就一定会社恐吗？如何理解社恐，减轻社恐呢？

内向是一种性格特质，内向的人喜欢安静、独处、自省，他们本身具有社交能力，不会对社交感到恐惧和焦虑。不社交不会给内向的人带来痛苦，反而会让他们感到享受和自在。

社恐的人在社交场合和与他人交往时，会感到恐惧和焦虑，担心自己会出丑、被评价、被嘲笑，等等。社恐的人有一个内在声音：我不优秀，我长得不好看，我不会说话，我不好……在社交场合的表现就是“害怕”。不敢说话，不敢与人对视，手脚不知道如何安放，浑身不自在。为了缓解自己的不适感，社恐的人就不跟人打招呼，自顾自地看手机，结果给人高冷、不易接触的感觉。

社恐的本质是渴望得到尊重、理解和认可。社恐的人，可能会有内向的特征，但内向的人不一定社恐。所以，内向和社恐不能混为一谈。

那如何减轻社恐，主动参与社交活动呢？以下是一些参考建议：

一是转化语言，积极暗示，变害怕为接纳。

二是训练自己的行为。在社交场合要站直，说话要大声，学会放松自己的身体，即使“装”，也要给人一种不社恐的感觉。另外，尽量让自己有事做，避免尬聊。

不要这样说

我社恐，我怕别人说我

我不敢看人，尤其不敢看别人的眼睛

我长得不好看，很自卑

我会紧张，手足无措

换成这样说

别人不一定注意到我，我就可以自在一些

我试着看一下，然后慢慢移开视线

每个人都有不足,他(她)们也许和我一样

紧张也没有关系，就是尴尬一下而已

三是培养自己的杂谈能力。社交一般从杂谈开始，可以事先储备一些基本的杂谈资料，如热播剧、体育赛事等，或者关注大家喜欢什么，在做什么，实在没有什么可聊的，也尝试对别人的聊天内容表现出好奇。

四是调整自己的认知。社恐的人，大多内心纯洁善良，对自我有较高的期盼，当期盼落空的时候，内心会纠结、拉扯，不断上演各种戏码：我哪里不好？别人会怎么看我？……艾伦·亨德里克森在《社交恐惧症》一书里指出：“社恐来自两大心理误区。一个是，你会觉得最糟糕的结果一定会发生。另一个是，如果最糟糕的结果发生，我就完了。”事实往往不是这样，那只是自己吓自己罢了。

社恐不是病，不是另类。伤害我们的不是事件本身，而是我们赋予事件的意义。例如，为什么我们认为别人不喜欢自己是一件糟糕的事情？我们自己喜欢自己就好了。或者，我们也可以问自己，我值得被喜欢吗？如果不确定，可以寻求心理咨询师的帮助，一起来探索自己的内在需要。

第八问

我该如何拥有好情绪？

拥有好情绪是一种能力，这种能力需要我们耐心培养。如何才能拥有好情绪呢？下面几条建议可以作为参考：

一是注重身体健康。均衡饮食，为身体提供所需营养。保证充足的睡眠时间，加强体育锻炼，释放内啡肽，改善心情。

二是学会积极思考。培养积极的心态，关注事物的积极方面。例如，当我们遇到困难时，可以尝试从以下角度去思考：这是一个学习和成长的机会，我可以从中吸取经验教训；困难只是暂时的，我相信自己有能力克服它。如果你是一个喜欢朝负面方向思考的人，在实际生活中尽量避免消极因素，尽可能减少接触负面信息和消极的人。

三是做到友善和宽容。对他人表现出友好和包容的态度。例如，用微笑和问候来表达对他人的友好和关注，认真倾听他人的意见和想法，理解对方的观点和感受，对他人的帮助和支持表示感恩，对他人的优点和成就进行赞美和鼓励。

四是做到生活充实。多参加自己喜欢的活动，增加愉悦感；明确自己的目标和方向，为之努力奋斗，充满激情和动力；不断学习新知识、新技能，追求个人成长和进步；合理安排时间，高效完成任务，避免拖延和浪费时间；懂得享受生活中的美好时光，保持心情愉悦和轻松。

五是学习冥想放松。冥想是一种通过集中注意力和放松身心来达到内心平静的练习方法。

以下是冥想练习的步骤：

第一步，选择一个安静、舒适的地方，坐下或躺下，保持身体放松。

第二步，闭上眼睛，专注于呼吸，感受气息进出身体的感觉。

第三步，当思绪飘走时，不要批评自己，只需轻轻地将注意力带回到呼吸上。

第四步，可以尝试在冥想过程中使用一些引导语，帮助自己保持专注。

第五步，开始时，可以选择较短的冥想时间（如5~10分钟），逐渐增加时间。

第六步，每天坚持练习冥想，可以提高注意力，减轻压力，改善睡眠等。

需要注意的是，冥想是一种个人体验，每个人的感受可能会有所不同。在练习冥想时，要保持耐心和开放的心态，不要期望立刻获得明显的效果。如果在冥想过程中出现不适或情绪波动，可以暂停练习并寻求专业帮助。

第九问

我们该如何提高自己的情绪价值？

学会让自己情绪稳定

实业家稻盛和夫曾言：“人生的道路都是由心来描绘的。所以无论自己处于多么严酷的境遇之中，心头都不应为悲观的思想所萦绕。”当遇到让自己不开心的事情时，告诉自己：凡事都有两面性，调整自己的认知，承认情绪的存在，不急着批判或否定，而是想这件事情或许可以给我带来不一样的经验，让我成长。

学会欣赏他人

认真观察我们的同学和舍友，用理性平和的心态看待他们，就会发现，每个人的身上都有优点，也有不足。我们可以真诚欣赏对方：“我欣赏你的细心和负责任的态度，因为我看到你劳动的时候，将地拖得很干净，没有留下任何水渍。”“昨天我的快递放在门外，你顺手帮我拿回来了，感谢你的贴心善举。”发现对方细微的闪光点并及时给出赞扬，会让对方感觉到自己被关注、被理解，进而拉近彼此的关系。

尝试理解并共情他人的情绪

当觉察到他人情绪低落时，我们可以说：“我感到你有些情绪低落，愿意跟我说说吗？”这样的问话会让人感觉到自己被关心、被看见，也让对方有表达的欲望。当对方表达完后，我们可以问：“需要我做什么吗？”如果对方不需要帮助，那就尊重对方的决定。

提高自己对美好生活的感受力

试着每天发现三件开心的事情并说出来；尝试每天说积极正向的语言。你会发现，时间一长，自己的快乐会慢慢增多，负面情绪也会减少。此外，每天进行 10 分钟的正念冥想也是不错的方法。

借助外部资源的力量

没有人是一座孤岛，我们情绪的高低与外部世界息息相关，借助外部资源的力量往往有助于个人的情绪提升。例如，与亲朋好友分享自己的感受和经历，寻求他们的支持和理解；参加一些有益身心的活动，如瑜伽、绘画、音乐等，丰富自己的内心世界；甚至可以考虑寻求专业的心理咨询师的帮助，以更深入地了解自己的情绪和需求，应对生活的挑战，拥有更加积极和健康的心态。

小贴士

情绪价值就是一个人影响他人情绪的能力。从心理学角度来看，情绪价值指的是给人带来一切美好感受，引起正面情绪的能力，它也是一种重要的社交能力。

第十问

情绪 AI 是什么？有哪些用途呢？

打开搜索引擎，录入“情绪”“AI”等关键词，你会发现有很多关于情绪和 AI 的运用。AI 是人工智能（Artificial Intelligence）的英文缩写，那些拓展了情绪的关注范围和应用领域的 AI，也被称为“情绪 AI”，能让人们感受到科技带来的情绪体验和情绪价值。

那情绪 AI 可用于哪些领域，未来的发展方向又有哪些呢？

一是记录情绪变化。现在有一些正念、放松设备，采用 AI 生物信息采集的方式，通过记录大脑脑波变化（图 5–2），采集人的情绪状态，并通过数据可视化的方法将人的情绪波动状态呈现出来（图 5–3），使人们对自己的情绪状态有更为清晰的认识。

图 5–2　学生正在使用正念舒压训练系统

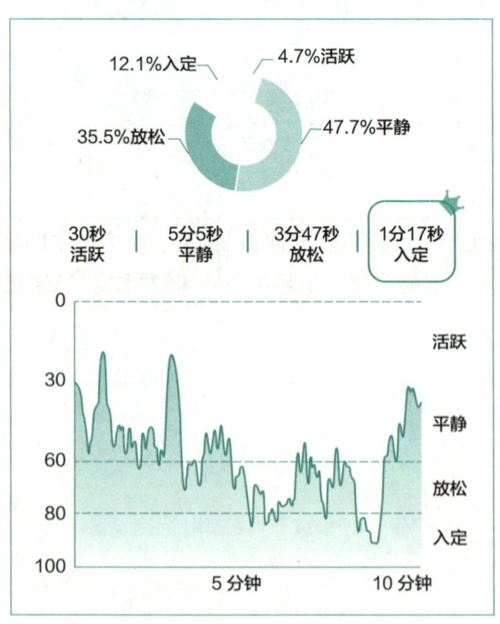

图 5–3　学生正念舒压数据记录

二是释放心理压力。美国麻省理工学院的科学家开发了一种名为EQ-radio情绪AI装置。它可以发射无线电波，当这种无线电波接触到人体时会受到某些生命体征，比如呼吸、心率等的影响，改变原本的波形（图5–4）。通过分析人体反射回的无线电波，EQ-radio可以获取生命体征数据，从而评估人的情绪。EQ-radio可以应用于很多领域。例如，当我们压力过大、心情沮丧的时候，可以为我们播放舒缓的音乐，帮助我们排解心理压力。

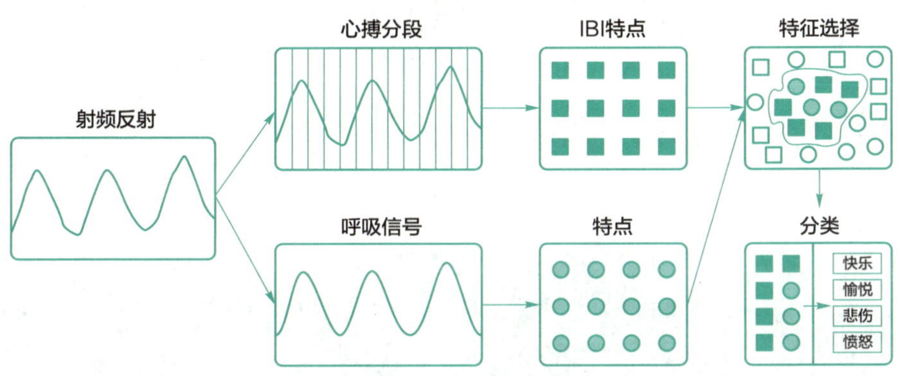

图5–4　EQ-radio情绪AI装置运作原理

三是提供情绪价值。例如，安全驾驶陪伴。驾驶员在交通拥挤、超车插队等情况出现时，容易出现紧张、愤怒等不良情绪，这会增加交通事故的可能性。为了解决这个问题，有公司开发了一款情绪AI，用来监测驾驶员的面部表情，分析驾驶员的心情和精神状态。如果驾驶员神情焦躁，出现大幅度的肢体动作，情绪AI会对驾驶员发出情绪预警，还会向驾驶员提供很多建议，例如，喝点儿水，调整一下身体姿势，调整车内温度，或者为驾驶员导航到最近的休息区域或停车点。如果驾驶员在驾驶过程中四处张望的频率过高，情绪AI还会发出警报，提醒驾驶员专注驾驶。

此外，情绪AI还可以用于关注自闭症儿童、睡眠障碍人群的心理困扰等。未来，情绪AI将应用于更多领域，让我们的生活变得更加便利。

小贴士

“人工智能”是研究、开发用于模拟、延伸和扩展人的智能的理论、方法、技术及应用系统的一门新的技术科学。

第六篇
奋楫逐浪向未来
——职业发展

合理规划职业生涯，是大学生迈向成功的第一步，是有效规划大学生活的工作方案，是实现未来发展目标的行动指导，是在有限的生涯周期内开创辉煌事业的重要保障。

通过对本篇内容的学习，我们将全面理解并掌握职业生涯规划的完整流程，了解职业信息的获取途径，进而合理规划职业生涯，为实现人生价值、丰富人生意义奠定坚实而稳固的基础。

第一问

怎样进行职业生涯规划?

初入大学校园，我们可能会感受到前所未有的自由，但也可能会陷入迷茫与无措。此时，一份详尽的职业生涯规划就如同GPS一般，能引导我们合理地安排大学期间的学习与生活。那么，如何系统性地进行职业生涯规划呢?

首先，进行自我分析。如果把职业生涯规划比作一场旅行，那么兴趣就是指南针，指引我们前往那些心动的地方；能力是背包里的必需品，帮助我们在旅途中解决问题；价值观则是宝贵的地图，上面标记了不愿触碰的禁地和最想探索的领域。通过自我分析明确自己的目的地，就能解答“我是谁”“我想干什么”“我能干什么”的困惑。

其次，探索外部世界。我们可以通过网络、书籍、职业介绍会等途径来搜集信息，了解各种职业角色和行业环境、职业的分类和工作内容、人力资源市场现状、相关就业政策等。

再次，设定职业目标。当我们对内外部环境有了清晰的认识后，就需要在前期搜集、分析、评估信息的基础上做出科学决策，确定好职业发展方向，设定好目标。要注意的是，目标需要具体、可行、可持续。

接着，制订行动计划。根据制订的短期目标、中期目标、长期目标，确定具体可行的行动计划，明确具体的行动措施、需要的条件保障或技能训练等。

最后，不断进行评估与调整。职业生涯规划不会是十全十美的，在实施过程中还会出现各种各样的变化。我们要根据出现的新情况，及时调整计划，找到实现目标的不同途径。

职业生涯规划是一个循环的过程，需要我们不断地进行自我探索、环境分析、目标设定、计划实施和评估调整。在这个过程中，我们将不断成长，最终成为成熟、自信的职业人。

小贴士

不要把职业生涯规划完全等同于职业选择。简单地讲，职业选择是职业生涯规划的一个重要环节，但不是职业生涯规划的全部。

第二问

如何通过认识自己来辅助职业生涯发展?

职业生涯的咨询创始人弗兰克·帕森斯曾在《选择职业》一书中明确提出了职业选择的三大条件：第一，了解自我。包括性格、成就、兴趣、优势、劣势、价值观和人格特质等；第二，了解职业。包括职业的描述、工作环境、薪水、晋升机会、发展前途、职业所需的特质和技能等；第三，匹配自我和职业。整合有关自我与职业的信息，探寻与个人特质相匹配的职业。

可见，在职业生涯发展的过程中，认识自己是第一步。深入了解自己，我们才能发现那些隐藏在内心深处的宝藏，探索属于自己的职业道路。

首先，我们可以借助自我反思来认识自己。例如，拿起一面镜子，仔细观察镜中的自己，思考以下问题：我是谁？我热爱什么？我擅长什么？我看重什么？我的价值是什么？这些问题的答案，就像是迷宫中的线索，能帮助我们找到前进的方向。也可以通过写下20个“我是一个……的人”的方法进行自我反思，了解自己的多面性。每一句话都是自我认知的碎片，拼凑起来，就形成了一个完整的自我形象。还可以通过记录成就的方法进行自我分析，了解自己的能力优势。我们对于自我的认识需要反复进行，正如科幻小说家阿瑟·克拉克所说：“我从来没有长大，但我从来没有停止过成长。”

小测试：霍兰德职业兴趣测试

其次，我们可以借助心理测试来了解自己。气质类型测试、性格类型测试、霍兰德职业兴趣测试、MBTI职业性格测试等都可以帮助我们了解自己的个性特征、能力倾向和职业兴趣等宝贵信息。

再次，认识自己并不局限于内在的反思，他人的评价也是我们了解自己的镜子。我们可以通过询问家人、朋友、老师对自己的评价，从不同的角度看待自己，发现那些自己可能未曾注意到的优点或缺点。来自外部的反馈可以帮助我们更全面地了解自己，减少自我认知的盲区。

最后，要把自我认识与职业信息结合起来，找到两者的匹配点，确定职业目标，实现人职匹配，踏实行动，走向事业成功。

第三问

在进行职业生涯规划时，需要了解职业环境的哪些内容？

健健

我是智能机电技术专业的学生，想在毕业后从事人工智能相关工作，但是不知道行不行。家人说这个职业需要的技能多，技术更新速度快，竞争压力大，挑战大。我现在感到很困惑，外面的世界到底如何？

心理咨询师

俗话说："知己知彼，百战不殆。"在进行职业生涯规划时，充分了解职业环境的相关信息是非常重要的。我们可以通过多种途径了解与自己的专业相关、兴趣相关的职业和行业的发展趋势，帮助我们在就业竞争中取胜。

认识外面的世界，分析职业环境

首先，我们要了解社会环境。了解国内外与所在地区的政治、经济、科技、文化、政策要求及相关职业的发展情况，这有利于我们更好地寻求发展机会。例如，据中研普华产业院发布的《2024—2029 年中国人工智能行业市场深度调研及投资价值分析研究报告》推测：2025 年人工智能核心产业规模将超过 4 500 亿元，2030 年产业规模有望超过 1 万亿元。同时，人工智能在各行业、各领域的应用逐渐进入专业化的深度融合阶段，面临技术专业化、发展生态化和监管规范化的挑战。

其次，我们要深入了解组织（企业）环境的具体情况。一要看组织（企业）实力：它在社会中的地位和声望如何？它目前的产品、服务和业务范畴是什么？发展前景如何？战略目标是什么？技术力量和设施是否先进？在本行业中是否具备很强的竞争力？二要看组织（企业）领导人的能力：其管理是否先进开明？是否有足够的能力带领员工开创新天地？是否具备战略眼光？是否尊重员工？三要看组织（企业）文化和制度：能否使员工感到快乐，受尊重，发挥创造力，有归属感？这是因为组织（企业）文化和规则会影响员工的精神面貌和生活方式。

小贴士

在了解职业环境时，不仅需要关注其表面的特征，更应深入挖掘其背后的细节和影响因素，对其进行分析、衡量和评估，以便确定自己的职业选择方向。

第四问

如何获取职业信息？

“我想从事医学影像方面的工作，但是我不熟悉这方面的就业环境，不知道工作内容是什么。我可以通过什么方式提前了解这份工作呢？”

要获取职业信息有多种方法，可以通过出版物、网络等了解相关信息，也可以通过实地考察、参加实践、生涯人物访谈等方式进行。这里特别推荐生涯人物访谈这种方法。

在开始访谈之前，先要了解自己。明确自己的职业兴趣、性格、技能和价值观，然后确定要采访哪些生涯人物，以提高“榜样故事”与自己的契合度。

接下来，设计访谈问题。包括日常工作内容、职业发展路径、所需技能和面临的挑战等。例如，在这个工作岗位上，每天都做些什么？您是如何看待该工作将来的变化趋势的？就这个职业而言，要取得成功，什么样的个人品质或能力是最重要的？从事这个职业需要特别的知识、技能和经验吗？这种工作需要什么样的教育或培训背景？公司对刚进入该工作领域的员工提供哪些培训？还有哪些方法能帮助自己深入了解该职业？

然后预约访谈对象。可以通过电话、电子邮件等，表达你的敬意和请求以及对知识的渴望。预约时，记得介绍自己，说明采访目的。

进行访谈时，要表现出对访谈对象的尊重，仔细聆听，做好记录。同时，也要准备好深入提问，挖掘更深层次的信息。

访谈结束，对访谈对象表示感谢后，不要急于离开，可以请访谈对象推荐其他可能的访谈对象。

最后，分析访谈记录。对照获取的职业信息，找出自己与理想职业之间的差距，判断自己是否适合从事该职业，是否具备该职业所需的能力，再根据这些发现，制订具体的行动计划，提升知识、技能和职业素质，为未来从事该职业做好充分准备。

认识职业素质

小贴士

通过生涯人物访谈，我们可以获得宝贵的“榜样故事”，还能与成功人士建立联系，拓展职业发展所需要的重要资源，照亮职业前行之路。

第五问

如何进行就业环境分析？

踏上职业生涯之前，就业环境分析如同一张必不可少的地图，它描绘了我们即将踏入的领域的地形、气候和生态。SWOT 分析法可以帮助我们识别自己在就业环境中的优势、劣势、机会和威胁，帮助我们看清自己所面临的机遇与挑战，进而客观地看待自己的职业选择。例如，学前教育专业学生心心就通过 SWOT 分析法（表 6–1）识别出了她在就业环境中的优势、劣势、机会和威胁。

表 6–1　心心运用 SWOT 分析法进行分析

优势（Strengths，S）	劣势（Weaknesses，W）
· 专注学前教育领域，有着扎实的儿童心理学和教育学理论基础； · 在实习中展现出了优秀的课堂管理能力和创新的教学方法，深受孩子们的喜爱和同事们的认可； · 擅长运用现代教育技术，如多媒体教学和在线互动平台，提高教学效果	· 对较大规模班级的管理经验不足，应对突发状况时，有些手忙脚乱； · 有关特殊教育领域的知识相对薄弱，限制了在多样化教育环境中的适应能力
机会（Opportunities，O）	**威胁（Threats，T）**
· 社会对学前教育重视程度不断提升，职业发展空间广阔； · 幼儿园和早教机构寻求具有创新精神和专业背景的教师； · 政府对教育行业的支持和投资增加，有更多的职业发展机会和可能的晋升路径	· 所在地区学前教育领域的竞争日益激烈，不少经验丰富的教师也在寻求更好的工作机会； · 新兴的在线教育平台可能会对传统学前教育机构造成冲击

针对某项职业的 SWOT 模型中，如果 SO 远大于 WT，那对你而言是有适合性的；若 SO 远小于 WT，便可以直接放弃该职业。针对 W 部分，可以通过专项培训或学习等方式，将其转化为 S；也可以积极扩展 O，探索新机会，把握新发展。通过 SWOT 分析，心心发现自己在学前教育的专业方向上有很大的优势，于是坚定了自己的选择，同时通过参加特色教育工作坊、利用数字化技术等措施，做了更加充分的就业准备。

第六问

如何做出职业决策？

心心

老师，我很苦恼，因为目前面临很多选择，不知道如何取舍。对我来说，哪条路都有吸引力，但又都不满意。我该怎么办呢？

心理咨询师

做出职业决策前要深思熟虑，需要考虑各种可能的选项及其后果。这包括评估不同职业路径的长远影响、所需技能、工作与生活的平衡，以及它们是否与你的个人价值观和生活目标相匹配等。我们可以运用“职业生涯平衡单”这一工具，帮助自己系统地分析每个选项的利弊。通过权衡利弊，我们可以清晰地看到哪些选择更符合自己的期望和需求。

职业生涯平衡单

首先，在职业生涯平衡单上列出三至五个可能的职业方案，这些选项代表着我们对未来的不同设想和可能性。

其次，深入分析每个选项可能带来的利弊得失，从自我物质得失、他人物质得失、自我赞许的精神得失、他人赞许的精神得失四个方面进行全面考量。考量时，认真审视每个职业选项，并用“+5”至“–5”的 11 点量表（+5，+4，+3，+2，+1，0，–1，–2，–3，–4，–5）来进行职业选项打分。

最后，根据个人情况对这些因素进行加权计分，识别哪些因素对我们来说更为重要，哪些因素的影响相对较小。随后，计算每个职业选项的得分，将加权计分进行累加，得出每个选项的总分。最终，根据各职业选项的总分高低，排定它们的优先顺序。

这个选择的过程，也是自我认知和价值澄清的过程。通过这种方式，我们可以更有针对性地选择那些最符合我们内心期望的职业方向。

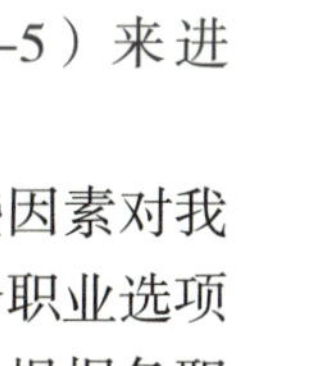

小贴士

职业生涯平衡单的价值不单在于最终的排序结果，更在于填写过程中的深思熟虑。这个过程本身就是一种自我探索，它能帮助我们理清思绪，明确价值观，从而做出真正适合自己的职业选择。

第七问

如何获取就业信息？

获取就业信息的主要渠道和方式如图 6-1 所示，它为我们提供了一个全面的信息获取框架。

网络招聘平台

各大招聘网站能提供招聘信息，供我们根据自己的专业、兴趣和擅长的技能进行筛选

校园招聘会

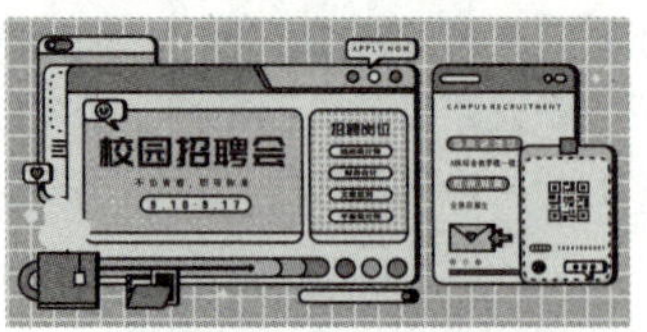

校园招聘会会直接发布企业的招聘需求和岗位信息、招聘流程，可现场求职

企业官方账号

企业官方账号会发布招聘信息，供我们及时了解最新的招聘信息和行业动态

他人推荐

他人可以根据我们的性格、能力和兴趣为我们推荐合适的职位

学校就业部门

学校就业部门会收集、整理并发布各类就业信息

个人走访

可以直接到我们感兴趣或向往的企业、公司等进行实地探访

图 6-1　获取就业信息的主要途径和方式

第八问

既想要一份稳定工作，又想要体验不同职业，该怎么办？

面对这样的困惑，我们可以尝试将稳定与多元融合，寻找一份既能够满足生活所需，又能让我们不断尝试新事物的职业。

首先，稳定的工作可以为我们提供生活的保障，让我们有条件去探索其他领域。因此，选择职业时，我们可以优先考虑那些具有稳定发展前景和良好待遇的行业。但是，稳定并不意味着一成不变。在职业发展的道路上，我们可以通过兼职、参加临时项目，或者在业余时间学习新技能来探索新的领域，尝试不同的角色。此外，我们也可以在工作中不断提升自己的技能和知识，增加自己的竞争力，为将来的职业转换打下坚实的基础。

其次，我们要保持开放的心态，勇于跳出舒适区，接受新的挑战（图 6–2）。这种开放的心态能让我们在职业道路上保持灵活性和适应性，面对变化时，能迅速调整自己的方向。

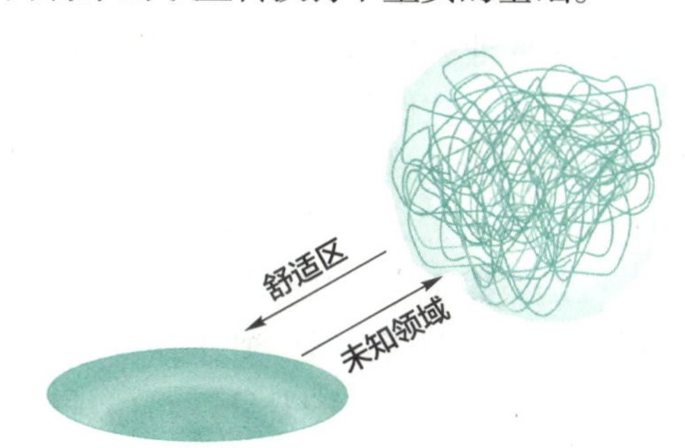

图 6–2　勇于跳出舒适区、接受新鲜事物示意

最后，我们可以多与不同行业的人交流，了解他们的工作内容和职业路径，拓宽视野；还可以通过互联网，在虚拟世界中体验不同的职业角色，甚至在某些领域实现远程工作，探索多元职业的可能性。

总之，我们从事一份职业时不但要考虑自己的爱好和需要，还要考虑相关职业、行业的利益，既能脚踏实地，又不忘仰望星空，实现人生价值的最大化。

小贴士

在追求稳定工作和体验不同职业的过程中，进行长期规划可以帮助我们更好地把握自己的职业发展方向。我们可以思考一下，未来几年内自己想要达到的职业目标，然后制订计划，包括需要学习的技能，需要积累的经验，等等。

第九问

高职学生的就业优势在哪里？

学历是评估个人综合素质和知识储备的一项重要指标，但并非职业发展的决定性因素。在学历方面，高职学生存在劣势，但是在专业技能、适应能力等方面，高职学生则有着强大的优势。

探索职业素质

一是职业教育更加注重实际操作和技能训练，例如，目前在清华大学担任实践课教师的“90后”邢小颖，她毕业于陕西工业职业技术学院，在大学学习时，每次实训课她都是第一个到，虚心向老师请教操作要点和注意事项，课上反复操练。遇到问题，就拿出书本研究工艺，再接着练习。在校三年，她待得最多的地方就是实训基地，通过反复实操，她熟练掌握了多项技能，为以后工作打下了坚实基础。

二是职业教育与市场需求紧密结合，专业设置和课程内容通常与行业需求同步。这使得高职学生在求职时能够快速定位自己的职业方向。邢小颖学习的是材料成型与控制技术专业，这个专业的毕业生很“抢手”，用人企业来晚了，就招不到人了。

三是高职学生往往有更强的韧性、适应能力和学习能力。邢小颖一直深耕专业，勤奋上进。她不仅以专业综合排名第一的成绩被推荐到清华大学基础工业训练中心任教，而且报考了中国地质大学，顺利毕业拿到学士学位，工作以后继续在专业领域做研究、发论文、申请专利，让自己成长为“双师型”教师，铸就了“大国工匠”之梦。

除了邢小颖，还有许多高职学生也凭借不懈地努力，在各行各业干出了自己的事业。例如，丽水职业技术学院的陆志炜独立开发出一条汽车门锁制动化集成线路，为企业带来了巨大的经济效益；长沙商贸旅游职业技术学院的汪林君踏上了创业之路，创办并发展了有口皆碑的美食品牌“香鸭坊”；东营职业学院的李肖肖，设计了一款刷卡自助洗车机，免维护、节能环保、可泡沫清水自动切换，带动上百名校友一起创业……他们凭借“不服输，勇追求”的精神，书写了壮丽的人生篇章，在各行各业取得了突出的成就，实现了人生的价值。

小贴士

学历并不代表全部，自身能力过硬才是职业发展道路上最有用的敲门砖。只要苦练技能，涵养情怀，敢于创新，再平凡的岗位也能干出一番事业。

第十问

如何提升就业信心？

在求职路上，信心是我们最宝贵的财富之一。它如同一盏明灯，照亮我们前行的道路，给予我们面对未知挑战的勇气。提升就业信心，不仅能够提升我们的自我价值感，还能让我们在求职过程中更加从容不迫。

我们可以从以下几个方面提升就业信心：

第一，积累成功经验是提升信心的重要途径。我们可以根据自己的实际情况把难度较大的任务分解为若干子任务，先从难度较低的子任务做起，循序渐进，逐步加大任务难度，不断地获得成功体验，增强就业自信心。

第二，学会合理归因也是提升信心的关键。我们应该将失败归因于可以控制的因素，如努力程度或策略选择，而非不可改变的因素，如运气或天赋。这样，我们就能从失败中看到成长的机会，激励我们继续前进。

摆正心态，树立正确就业观

第三，选择恰当的榜样激发信心。我们可以模仿和学习成功榜样的行为，用别人的成功事例激发自己的信心。

第四，通过积极自我暗示来提升信心。我们可以不断地对自己进行正面的肯定和鼓励，逐渐改变我们内心的自我形象，增强自信心。

第五，建立支持性的社交网络，增强信心。朋友、家人和同事的鼓励和支持，能够给予我们力量和战胜困难的勇气。他们的积极反馈和建议能够帮助我们更好地认识自己，增强信心。

第六，保持开放的心态，勇于接受新的挑战和机会。我们要勇敢迎接挑战，不断尝试，提升应对各种情况的能力，发现自己的潜力，从而增强信心。

提升就业信心是一个持续的过程，需要我们内外兼修，知行合一。加油吧！行动起来，向下扎根、向上生长，我们终究会长成参天大树！

参考文献

[1] 卢森堡．非暴力沟通［M］．阮胤华，译．北京：华夏出版社，2018.

[2] 阿德勒．自卑与超越［M］．李章勇，译．北京：中国华侨出版社，2015.

[3] 埃利斯．拆除你的情绪地雷［M］．赵菁，译．北京：机械工业出版社，2016.

[4] 埃利斯．理性情绪［M］．李巍，张丽，译．北京：机械工业出版社，2014.

[5] 埃利斯．无条件接纳自己［M］．刘清山，译．北京：机械工业出版社，2017.

[6] 戴维．情绪可控力［M］．赵晓瑞，译．北京：中信出版集团，2020.

[7] 夏翠翠．大学生心理健康教育慕课版［M］.2 版．北京：人民邮电出版社，2019.

[8] 李斌．高职大学生心理健康教育［M］.4 版．北京：高等教育出版社，2023.

[9] 王金云，付晓东，郑云．大学生心理健康教育［M］．北京：电子工业出版社，2021.

[10] 卫蓝．反本能：如何对抗你的习以为常［M］．北京：人民邮电出版社，2022.

[11] 左红梅．知识整体论视角下大学生情感观念现状及教育引导［J］．江苏高教，2022（10）：107-111.

[12] 张佳，朱秀杰．个体化视角下大学生的多元婚姻态度研究［J］．青年探索，2022（03）：91-100.

[13] 周晓优．基于具身认知视角的大学生恋爱心理辅导活动设计［J］．智库时代，2022（9）：209-212.